LA CHUTE
DE L'EMPIRE AMÉRICAIN

DU MÊME AUTEUR

LE COMMUNISME, PUF, coll. « Que sais-je ? », 2001.
J'AI VU FINIR LE MONDE ANCIEN, Grasset, 2002.
AU FIL DES JOURS CRUELS (1992-2002), *chroniques,* Grasset, 2003.
L'ODYSSÉE AMÉRICAINE, Grasset, 2004.
RENDEZ-VOUS AVEC L'ISLAM, Grasset, 2005.
SOCIÉTÉS SECRÈTES. *De Léonard de Vinci à Rennes-le-Château,* Grasset, 2007.
LE MONDE EST UN ENFANT QUI JOUE, Grasset, 2009.
LE JOUR OÙ L'HISTOIRE A RECOMMENCÉ, Grasset, 2012.
QUAND LES FRANÇAIS FAISAIENT L'HISTOIRE, Grasset, 2014.

ALEXANDRE ADLER

LA CHUTE
DE L'EMPIRE AMÉRICAIN

BERNARD GRASSET
PARIS

Photo de couverture : © Loïc Mazalrey/Dalam.

ISBN : 978-2-246-81304-0

Elvis Presley, Richard Nixon, Michael Moore et Donald Trump…

Le geste accompli par Donald Trump prend toute sa signification aux yeux d'un monde effaré avec l'élection présidentielle de novembre 2016. Mais force est de dire, même si la perception aurait alors pu en être altérée, que l'essentiel de l'action de Donald Trump était déjà pleinement réalisé et réussi, au moins un bon mois avant son triomphe final. Car l'action véritable qu'a menée à bien le financier de l'immobilier le plus connu et le plus cabotin des États-Unis aura tout d'abord consisté à faire exploser les barrières formelles qui faisaient fonctionner comme telle la démocratie américaine, au moins depuis le début du XXe siècle.

Première transgression majeure, celle du discours. Tout à coup en effet, le candidat « néo-républicain » s'adressait à ses « interlocuteurs » non plus comme aux partenaires d'une discussion censément égalitaire, mais comme à des ennemis qu'il convenait de détruire par tous les moyens. Or, à travers des rhétoriques, au départ quelque peu différentes, les diverses cultures religieuses de l'Amérique avaient instauré un style et une conception du débat qui, tous, aboutissaient à conférer à l'adversaire éventuel une certaine dignité éminente.

Non, le combat politique aux États-Unis ne fut pas toujours une bluette et l'on oublie bien sûr les violences aggravées des polémiques dont Franklin Roosevelt fut l'objet, notamment lors de sa réélection de 1936, la plus disputée et la plus polarisée, de même qu'on ne se souvient plus tout à fait des noms d'oiseau dont Richard Nixon fut l'objet tout au long de sa bataille ascendante de 1968 à 1974. Mais ces forces de frottement accessoires n'altèrent pas la signification essentielle du débat démocratique, tel que les Pères fondateurs de la République américaine ont commencé à le concevoir dès le XVIIIe siècle : pour les puritains fondateurs de la Nouvelle-Angleterre au XVIIe siècle, la volonté de Dieu prévaut sur toutes choses. Pour un calvinisme orthodoxe très austère, les œuvres ne comptent guère, et la grâce, c'est-à-dire la seule volonté de Dieu, s'exprime sans limites. Dans ces conditions, le langage de la politique ne peut s'en prendre aux hommes, mais s'efforcer seulement de déchiffrer les intentions, encore voilées, du Tout-Puissant. C'est la raison formelle de l'austère courtoisie puritaine qui, mettant à distance l'interlocuteur humain, entend se soumettre au seul décret de la vérité. La politesse puritaine, qui n'exclut pas la rudesse des convictions, sera donc toujours un hommage qui passe rapidement des hommes à Dieu lui-même. De même que la dinde de l'automne est offerte à « Thanksgiving » en soumission à la bonté de Dieu et non au travail des hommes. C'est ainsi que le concevaient les fondateurs de Harvard, comme le pasteur Cotton Mather, pour lesquels la politesse des gentlemen n'est qu'une reconnaissance pleine de contrition que l'on rend à Dieu seul. Au pôle opposé, le protestantisme libéral, celui par exemple de la « Society of friends » de Pennsylvanie, ne croit pratiquement plus au péché originel et fait fond sur la fraternité, naturellement prévalente, des hommes ordinaires, dont la disposition générale au bien ne peut que se développer à travers l'exercice d'une société politique conforme aux principes de l'Évangile. De là découle, par exemple, la généralisation du tutoiement (devenu par la suite archaïque et étrange avec la quasi-disparition du « thou »), mais aussi l'habitude systématique, qui n'a cessé de croître, de donner rapidement à son interlocuteur son prénom usuel, lorsqu'on s'adresse à lui. Donald Trump, qui est parfaitement au courant de ces règles formelles, en a fait subitement usage après son élection en félicitant « Hillary » pour son courage, son sens de l'effort et, semble-t-il, son honnêteté. De quoi rendre heureux tout quaker qui se respecte. Même le catholicisme et le judaïsme, plus réticents au départ à cette dimension théologique protestante des rapports humains en Amérique, sont venus à leur tour les adopter par des voies différentes : chez les catholiques, il s'agit du respect et de la prise en compte, dans un pays encore majoritairement protestant, d'une tolérance religieuse qui n'est pas un vain mot. Le respect d'un homme politique catholique envers ses interlocuteurs est le remerciement implicite qu'il doit à la liberté religieuse absolue et sans limites dont la République américaine lui garantit l'exercice. Quant aux juifs, ils vont vite considérer, eux aussi, que la tolérance et même le respect dont ils ont été progressivement investis, doivent conduire au même respect qui leur a été implicitement accordé, au moins depuis l'époque de Lincoln. Au total, un consensus presque général s'est établi pour considérer que le débat, qu'il soit démocratique ou théologique, est un élément fondateur capital du « vouloir vivre ensemble » des Américains, et le transgresser au-delà des irritations ponctuelles est un acte d'intolérance qui place celui qui y a recours hors des limites du savoir-vivre républicain. Rappelons-nous l'exclamation indignée du vieux sénateur républicain conservateur qui s'interposa devant le démagogue populiste et anti-communiste Joseph McCarthy, au milieu des années 1950 : « *Haven't you left no sense of decency, sir ?* » (Avez-vous perdu toute notion de décence, monsieur ?) Tout à coup l'Amérique profonde du centre et de la droite, entendant cette sortie sur la toute récente télévision, s'était retrouvée d'accord avec la gauche pour mettre un terme à cette inquisition moderne.

Or, ici, rien de tel ne s'est produit. Au contraire, une jouissance croissante et délibérée pour la transgression ici sous la forme de la véritable mise en scène parodique des valeurs fondamentales du pays, un peu comme un certain public que semble affectionner Trump, exulte lorsque des infractions odieuses sont commises par des catcheurs antipathiques au détriment de la décence. Depuis lors la grande princesse de ce catch qu'aurait apprécié un Roland Barthes vient d'être nommée secrétaire aux PME. Du bon spectacle en perspective. Il n'en est pas toujours de même dans toutes les sociétés de la terre : les Arabes par exemple, dont la politesse personnelle et familiale peut atteindre des sommets de raffinement, ne connaissent sur leurs médias que l'injure, la haine, voire le passage à l'acte lorsqu'une speakerine de Kadhafi en déroute menaçait sur le petit écran les téléspectateurs en leur brandissant son revolver. Mais Trump n'a pas fait mieux en sous-entendant, à l'adresse de ces nombreux Américains qui ne voudront jamais renoncer à leur port d'arme, qu'une balle perdue destinée à Hillary ne serait pas perdue pour tout le monde. Dans d'autres segments de la société, le sentiment d'une injustice irréparable est tel qu'il conduit à déshumaniser le camp d'en face, à lui refuser les nuances et l'indulgence que l'on réserve à un interlocuteur ; ce fut évidemment le cas très longtemps d'une fraction militante de la communauté noire qui se passionnait pour des boxeurs islamisés, comme Cassius Clay, dont les arguments étaient surtout contondants et s'esclaffait avec Malcom X à l'annonce de la mort de Kennedy, ou lorsque le révérend Jackson traita la ville de New York de *Hymietown*, la « ville des youpins ». Le grand théoricien nazi de la politique, venu lui-même tout comme Heidegger du catholicisme de la Contre-Réforme, Carl Schmitt, définira la politique comme, selon lui, « la discrimination de l'ami et de l'ennemi », avec bien entendu l'idée du caractère inévitable de la destruction du camp d'en face. Telle est en tout cas la conviction fortement ancrée de Donald Trump et nous n'aurons pas la bêtise d'attribuer cette intolérance du magnat du bâtiment à des origines partiellement allemandes, sachant au contraire qu'avec le philosophe protestant Reinhold Niebuhr, le pionnier catholique des lois sociales du New Deal Robert Wagner ou le grand syndicaliste Walter Reuther, qui fit tant pour instaurer une pacification des esprits, à l'apogée de la société industrielle américaine, les exemples de Germano-Américains à l'humanisme particulièrement remarquable sont bien là pour nous interdire ce parallèle.

Certes, tout comme la famille Bush (des bières et de la présidence), la famille Trump est bien venue de Souabe au XIXe siècle, mais les origines écossaises de notre héros semblent tout aussi profondes et nullement marquées historiquement par l'intolérance. Quant au racisme allégué de son défunt père, il n'était ni prosélyte ni particulièrement original dans la New York des années 1920 et, qu'on le sache, on ne reproche pas au grand leader démocrate Richard Daley de Chicago le racisme anti-noir parfaitement avéré de son père, dont ce dernier lui-même se déprendra, du reste, à la fin de sa vie.

Non, l'irruption de Trump n'a pas de racine culturelle dans le sentiment démocratique américain, ni aucune racine biographique au-delà des préjugés les plus courants dans son milieu ; elle est réellement l'irruption du nouveau, et d'un nouveau fort désagréable, au cœur de la République américaine.

Parvenus à ce point, efforçons-nous d'être justes parce que la construction américaine est fondée sur un contrat présupposant l'alliance volontaire – et donc révocable en certaines circonstances – de tous ses participants. Il a pu se produire par le passé de véritables dénonciations du contrat fondamental qui conduisaient à une remise en cause d'une étonnante radicalité. Après tout, la guerre d'Indépendance, dès les années 1780, fut aussi une guerre civile, où les vaincus, minoritaires, ont été tout simplement proscrits, bannis. Ce sont ces « loyalistes », forts tout de même de quelques dizaines de milliers d'individus, qui ont été contraints, sans ménagement aucun, d'émigrer vers le Canada voisin où ils ont peuplé la partie anglophone de Montréal et les meilleures terres de l'Ontario, parfois même accompagnés de leurs esclaves de Caroline ou de Virginie qu'ils avaient entraînés avec eux. Ce sont ces loyalistes et leurs descendants qui s'opposeront encore bec et ongles à un trop grand rapprochement du Canada encore britannique avec Washington, tout au long du XIXe siècle, et leurs souvenirs ne se sont éteints qu'avec les grandes migrations de masse du XXe siècle au Canada.

Bien entendu, le même caractère impitoyable de l'opposition politique a trouvé à se manifester pleinement dans les dix années qui précèdent et dans les dix années qui suivent la guerre de Sécession (on trouvera même une émigration volontaire de propriétaires sudistes au Brésil pour protester contre la victoire de Lincoln). Certes, le processus de réconciliation souhaité par Lincoln, et peu à peu mis en œuvre par ses successeurs, atténuera le caractère cuisant de cette guerre civile de masse, sans équivalent véritable en Europe à la même époque. Mais il reste acquis que les États confédérés du Sud furent soumis, dans les premières années de la Reconstruction, à une véritable mise en coupe réglée, en partie basée sur le vote massif et contraint des esclaves noirs émancipés. On comprend ainsi comment la véritable réintégration du Sud et le rétablissement de la légitimité complète des États sécessionnistes seront accompagnés, à titre de concession politique voulue par le président Hayes, de l'établissement de la discrimination raciale qui supprimait effectivement les droits civiques trop superficiellement acquis des Noirs du Sud. On ne parlera plus, petit à petit, de cette violence. Dans le vocabulaire politique parlementaire de l'époque, on évoquera même volontiers ces orateurs nordistes un peu démagogiques qui, lorsqu'un vote serré le requérait, n'hésitaient pas à monter à la tribune en agitant « la chemise sanglante ». Souvenir d'un orateur, déjà émule de la rhétorique de Trump, qui avait brandi la chemise de son frère décédé à Gettysburg, maculée de son sang pour soulever la passion majoritaire de l'auditoire. Bref, les allusions de plus ou moins bonne foi à une logique de guerre civile ne disparaîtront vraiment que dans les années 1930, et un mouvement raciste clandestin, le Ku Klux Klan, dont le cinéaste D. W. Griffith n'hésite pas à faire l'éloge vibrant dans son célèbre film muet *Naissance d'une nation,* poursuivra sa carrière, de moins en moins virulente il est vrai, jusqu'à nos jours. Son dernier représentant officiel, David Duke, qui se fit élire comme indépendant et soutient le mouvement des négationnistes « Worldwide » dans le monde entier, s'est rendu il n'y a pas si longtemps à Téhéran pour y prêter main-forte à Faurisson et Ahmadinejad. Malgré cela, on ne sera pas surpris d'apprendre qu'il a entretenu de bons contacts avec Trump au début de sa campagne. Si les autres menaces de guerre civile ne furent pas entièrement suivies d'effet, on notera toutefois qu'avec la crise de 1929 les tensions sociales devinrent à nouveau très dangereuses en Amérique et que le Parti communiste américain, et ses sympathisants, qui s'était acquis un soutien assez large dans l'opinion intellectuelle et syndicaliste, seront soumis à des atteintes répétées à la liberté de leurs adhérents. Dès 1939, avec la conclusion du pacte germano-soviétique, le Congrès instaure une Commission des activités anti-américaines qui reprend de plus belle, dès 1946, sous l'égide des nouvelles majorités parlementaires républicaines conservatrices. Et, comme on le sait, sous l'action du sénateur McCarthy, la persécution des communistes, atteint des proportions tout à fait alarmantes. Certes, tout sera peu à peu oublié dans le climat d'euphorie économique de la fin des années 1950, mais certains doivent partir pour toujours, Charlie Chaplin en tête, mais aussi Bertolt Brecht que l'Allemagne de l'Est n'enthousiasmait pas tant que cela, Joseph Losey, qui deviendra un cinéaste britannique, ou le grand helléniste Moses Finley, désormais à Cambridge, voire tous ces jeunes physiciens qui connaîtront une carrière d'errance, tel David Bohm, parce que l'université à son tour les chassait les uns après les autres, tandis que le FBI, plus embarrassé que l'on ne l'imagine, encourageait certains d'entre eux, qu'il savait pourtant coupables, de quitter le pays afin d'éviter d'embarrassantes poursuites. Il y eut même un cas, celui du patron des dockers de la côte pacifique, Harry Bridges, qui se retrouva expulsé en Australie où il avait passé quelques années d'enfance, en raison de ses activités communistes. Il ne put revenir chez lui, en Californie, où son syndicat lui était resté fidèle, qu'après dix années d'exil. Tout cela est bien oublié, sauf des enfants de ces persécutés qui n'ont pas cessé depuis lors, tels George Clooney, Steven Spielberg ou le grand journaliste Carl Bernstein, d'entretenir avec une rage pas toujours contenue le souvenir traumatique de cette grande persécution qui n'eut jamais d'équivalent en Europe occidentale.

Bref, l'intolérance évoquée avec brio dans la célèbre pièce d'Arthur Miller, *Les Sorcières de Salem*, ne fut jamais totalement absente d'une société dont la face lumineuse est bel et bien la volonté d'accueil de tous les étrangers, mais dont la face sombre, qui se révèle de temps à autre dans les nuits d'éclipse, renverse l'équation de base : si tout le monde peut être américain, tout le monde peut aussi perdre cette qualité qui repose sur un acte de volonté et non sur un fait incontournable. Certes, Trump n'a pas appelé à la proscription de toute l'aile progressiste de la vie américaine, et il n'est même pas sûr que ses rodomontades aboutiront à des remises en cause de l'appartenance de beaucoup de Latino-Américains ou d'Américains d'origine musulmane à la citoyenneté. Et nous savons par ailleurs que, dans leur sagesse, les pères fondateurs ont accordé à la seule Cour suprême le droit éminent de modifier la Constitution, ce qui demeure loin d'être si simple. En revanche, le nouveau président ne s'est jamais abstenu d'évoquer, parfois vaguement, cette menace de « désétablissement » de pans entiers de la société, dont les loyalistes de 1790, certains vaincus de la guerre de Sécession ou les communistes de la guerre froide nous donnent à voir le sort difficile. Et que penser d'une situation créée, délibérément ou non, par ces abus de rhétorique où la population latino, bien que composée très majoritairement de citoyens américains parfaitement en règle avec la loi, se révolterait par solidarité avec les immigrés précaires les plus pauvres et les plus menacés ? N'assisterait-on pas alors à des expulsions massives de citoyens et de protestataires assimilés à l'« anti-Amérique » ?

Il faut bien le dire, les débuts du mouvement latino protestataire dans les années 1960 exhalaient, de temps à autre, des senteurs peu enthousiasmantes. Le syndicaliste gauchiste Cesar Chavez, du Nouveau-Mexique, avait lui-même baptisé son mouvement très communautariste « La Raza » (la race)..., mexicaine bien entendu, et des intellectuels stupides à Mexico et ailleurs s'étaient même amusés à parler d'une *reconquista* qui ne plaisait pas beaucoup à la population d'origine anglo-saxonne, majoritaire aujourd'hui en Arizona et, bien sûr, au Texas. Les provocations de Trump pourraient ainsi réveiller des blessures encore mal cicatrisées, même si l'esprit public de la minorité croissante des citoyens américains d'origine latine a beaucoup évolué par rapport à ce primitivisme de la révolte. Aujourd'hui, par exemple, un mouvement puissant dans tout le Texas demande à pouvoir chanter en langue espagnole l'hymne national « Stars and Stripes forever ». Ce mouvement bénéficie de l'appui enthousiaste de l'ancienne First Lady, Laura Bush, qui y voit au contraire une manière originale de réaffirmer hautement l'intégration des nouveaux arrivants dans le « melting pot » américain. Mais Trump a fait en sorte de limiter ce genre de rencontres sur le plan symbolique en passant son temps, contrairement à toute la tradition américaine, à interroger tel ou tel de ses adversaires sur son origine nationale. Non seulement il a participé à la campagne lancinante d'une certaine extrême droite qui prétendait, contre toute évidence, qu'Obama n'était pas né à Hawaii et n'aurait pas dû bénéficier de la nationalité américaine, mais il a été jusqu'à prétendre que son rival républicain Ted Cruz, dont le père est un citoyen américain d'origine mexicaine et texane et la mère canadienne, était lui aussi un Américain douteux. On nous objectera, certes, que personne n'a vraiment pris ces saillies d'un extrême mauvais goût pour argent comptant, particulièrement les Latinos qui ont voté à hauteur de 12 % pour Trump dans tout le pays, satisfaits qu'ils étaient par ailleurs de sa défense prétendue des intérêts ouvriers. Mais on ne peut pas passer sous silence la manière dont le dogme de l'appartenance civique à la même communauté, l'Amérique, a été plus qu'écorné dans un contexte où l'histoire ancienne et récente ne s'est pas toujours montrée généreuse. Mieux même, on finit, malgré l'agacement produit par les zélotes du « politiquement correct », par préférer l'intolérance bébête des campus à la licence permanente et obscène des caractérisations ethniques, particulièrement affectionnée par Donald Trump. Contre-exemple frappant : dans un pays où la droite conservatrice entretient un respect très strict pour les valeurs militaires, c'est le corps des officiers tout entier qui a su, au milieu de cette campagne « psychédélique », porter le seul véritable coup d'arrêt à cette débauche de permissivité xénophobe. Lorsque Trump commit l'erreur d'injurier bassement la mère, d'origine pakistanaise et musulmane affirmée, d'un jeune officier mort au champ d'honneur, la levée de boucliers fut enfin efficace. Espérons qu'elle le deviendra bientôt dans des cas plus litigieux, où le prestige de l'uniforme ne peut pas secourir toutes les victimes de cette débauche verbale.

Mais nous en savons déjà assez pour avoir une certitude. Trump n'est pas né du néant comme un cauchemar de science-fiction ; il n'est pas le produit d'une histoire de longue durée souvent oublieuse, et c'est heureux, de ses propres transgressions, mais il est le produit brutal et accompli d'une rupture au sein de la société américaine qui lui préexiste. C'est parce que les règles du consensus américain, de la courtoisie et de la tolérance envers les opposants, du respect envers les hiérarchies, du savoir et de la compétence ont été violées d'abord par les élites, que celles-ci ont commencé à être agitées de sentiments des plus violents. Trump, qui n'est dénué ni d'intelligence ni de sens des affaires, qui l'auront conduit à évaluer avec exactitude l'opinion de ceux qui lui sont les plus proches, les ouvriers du bâtiment et des travaux publics qu'il emploie volontiers, a conçu mais bien après le début du phénomène, qui remonte pour l'essentiel à 2004, un discours construit, brutal et talentueux dans son genre propre, qui a littéralement mis le feu au bâtiment tout entier. Nous en sommes donc là.

Et peu importe, comme tant d'opportunistes auront la tentation de le signifier après la victoire, que Trump corrige ici ou là les impressions désastreuses qu'il aura laissées chez les uns et les autres ; peu importe même que, sous l'influence de bons conseillers ou de quelques ministres décents, il adopte des choix politiques qui sembleront à la longue peu contestables. L'essentiel n'est pas là : c'est la formalité de ses actes, le choix très particulier de sa campagne, et les échos qu'il aura amplifiés qui forment dès maintenant la véritable substance de sa politique. Et peu importe les forces de ralentissement qu'il saura prodiguer, peut-être de temps à autre, à une opinion plus changeante et mobile qu'on ne l'imagine, car le programme de Trump est déjà là, par-delà les mots et les propositions, au cœur de cette soupe de passion fétide qu'il a agitée et qui le poursuivra à tout jamais.

Mon pari est donc clair, même s'il se doit de demeurer nuancé lorsque les circonstances l'exigent : Trump est déjà tout entier dans sa prise du pouvoir. Toutes choses étant égales, beaucoup de bons esprits avaient soutenu – le grand sociologue Hans Neumann, inspirateur de Herbert Marcuse, par exemple – que le nazisme allait évidemment passer par pertes et profits sa propagande antisémite des débuts, tant la spoliation, fantasmée encore, du capital juif serait allée à l'encontre des intérêts de classe véritables du capitalisme allemand. Sans doute, beaucoup de bons esprits qui se rallièrent alors au IIIe Reich, du financier Hjalmar Schacht au grand physicien Werner Heisenberg, étaient-ils de cet avis, avis que partageait même, dans ses moments de veulerie humanitaire, Hermann Goering lui-même, influencé par son frère, admirable psychanalyste qui s'efforçait encore de défendre Freud et son œuvre. Mais la dynamique était bien là et dépassait largement le seul fanatisme de Hitler. C'est la raison pour laquelle nous devons prendre tout à fait au sérieux le choix délibéré fait par Trump, d'une transgression absolue des normes de comportement habituelles dans une démocratie en général, et dans la République américaine en particulier dont les principes sont ancrés dans une éthique protestante austère dès sa fondation et ressentie comme telle.

Parvenus à ce point du raisonnement, il nous faut néanmoins tenir compte non pas seulement du talent destructeur du ventriloque mais du discours véritable de ces masses nombreuses qui ont choisi en définitive le vote Trump pour envoyer un message définitif à l'establishment américain. L'expulsion des loyalistes en 1780 avait signifié le caractère irréconciliable de la rupture définitive avec la métropole britannique. La violence sanguinaire de la guerre de Sécession avait rendu définitivement inacceptable la poursuite de l'esclavage et l'avait fustigé comme une non-valeur au fronton de la Constitution du pays. Le reste mit certes un bon siècle à accoucher mais, dès cette époque, la citoyenneté était ouverte à tous les habitants noirs et, plus tard, indiens et asiatiques du pays. « *Give me your tired, your poor, your huddled masses* » (Donnez-moi vos masses fatiguées, pauvres, en rangs serrés), proclame fièrement la Statue de la Liberté du frère franc-maçon et français Bartholdi dans les vers magnifiques de la poétesse juive new-yorkaise Emma Lazarus. Aujourd'hui, malheureusement, la leçon joue dans l'autre sens : n'abandonnez pas le peuple des ouvriers et des humbles au profit d'une culture que nous rejetons, nous disent enfin les électeurs de Donald Trump. Et là se trouve sans doute la leçon la plus importante de cette révolution qui vient de se dérouler sous nos yeux incrédules.

Mais, que s'est-il donc passé au cœur de la société américaine pour que nous en soyons là ? Nous aurons pour le comprendre deux guides précieux : Michael Moore et le grand Elvis Presley lui-même.

Les racines de la contre-révolution américaine

Pour comprendre l'ampleur du séisme politique qui vient d'atteindre l'Amérique de plein fouet, prenons tout d'abord un guide que l'on ne peut pas fustiger pour sa partialité envers Donald Trump : le cinéaste pamphlétaire Michael Moore. Toute l'œuvre de Moore est d'abord portée par le ressentiment et la colère d'un jeune homme qui a vu s'effondrer le cadre de vie, dur, voire sévère, de ses parents en l'espace d'une génération... pour être remplacé par rien du tout. Le Middle West industriel aura été le fleuron de l'apogée américaine des années 1940-1970. C'est dans cette véritable forge polycentrée ainsi que pluri-compétente en matière technologique que le grand capital américain naissant a placé, à portée les unes des autres, trois grandes sources de croissance ininterrompue.

Tout d'abord, le produit de la révolution agricole, dont le théâtre principal aura été les grandes plaines vouées à l'élevage du bétail. Convergeant vers les immenses abattoirs de Chicago, bien décrits dans leur horreur par Theodore Dreiser, ce bétail presque illimité dans sa croissance se transforme en produits alimentaires de toutes sortes (il garde les souvenirs nostalgiques d'une Allemagne perdue, avec ses « hamburgers » et ses « frankfurters ») et assure, pour la première fois à l'Amérique, une position exportatrice considérable vers les marchés de la vieille Europe, puis du monde entier. La baisse des prix agricoles réalisée par l'industrialisation (pour les céréales, ce seront les moissonneuses-batteuses McCormick puis toute l'industrie chimique des engrais) fait l'effet d'un choc de productivité sans égal sur l'agriculture européenne, plongeant celle-ci dans la Grande Dépression qui ne durera pas moins de vingt ans. Au sortir de cet ajustement brutal, et cruel pour les Européens, l'agriculture américaine se stabilise et Franklin Roosevelt va la protéger de toutes les manières possibles contre de nouvelles concurrences de façon, pendant la grande crise de 1929, à stabiliser les revenus agricoles. Il résulte de cette double poussée la constitution d'une classe moyenne paysanne, laquelle ne porte d'ailleurs plus ce nom – on préfère parler de *farmers*, de fermiers, en insistant désormais sur la réalité économique bien davantage que sur la réalité sociologique. Du reste, les agriculteurs américains, protégés par la gauche démocrate dans les années 1930, vont longtemps faire bénéficier les héritiers de Roosevelt de leurs votes protecteurs. C'est ainsi qu'une partie de ce centre agricole du pays donnera naissance à des mouvements socialisants mais toujours populistes qui, malgré les difficultés récurrentes de l'agriculture soviétique et le recours par Brejnev à la ressource exportatrice américaine pour nourrir ses concitoyens, auront même créé, dans un État comme l'Iowa, des partisans inconditionnels et démocrates de la détente avec Moscou.

Deuxième composante incontournable de la révolution industrielle américaine, le minerai de fer en quantité inépuisable des gisements de Mesabi, près du Lac supérieur, qui nourrissent à moindres frais une sidérurgie qui se concentrera dans quelques géants dont l'US Steel dans les années 1890, et produira un grand entrepreneur et mécène comme Dale Carnegie. Le fer en abondance, et à des prix défiant toute concurrence, permet à l'Amérique de créer le réseau ferroviaire intercontinental le plus important de la planète, mais aussi de mettre à la disposition de tous les types possibles d'industrie mécanique une matière première exceptionnelle. L'Amérique était déjà une puissance industrielle pionnière dans les chantiers navals dès les années 1800, et avait bénéficié, avec Robert Fulton et sa célèbre roue à aubes, d'un inventeur de génie. Mais, bientôt, le savoir-faire des chantiers navals va s'étendre au matériel ferroviaire et à l'industrie électrique qui naît aussi à ce moment-là. L'arrivée des nouvelles technologies de l'électricité, là encore avec des inventeurs de génie comme le Canadien né à Edimbourg Graham Bell et l'extraordinaire « yougoslave », toujours disputé entre Serbes et Croates, Nikola Tesla, va voir l'entreprise industrielle innovante et créatrice d'emplois essaimer dans toute la région, dont Chicago devient le centre incontesté.

La troisième irruption, connue de tous, est celle du pétrole qui commence modestement par allumer tous les réverbères des villes américaines bien avant toutes les autres, puis va trouver dans le moteur à explosion, d'invention essentiellement allemande et française, un débouché sans précédent. Les grandes sociétés américaines, plus décentralisées que leurs homologues britanniques à cause des lois anti-trust qui obligent les Rockefeller à scinder en plusieurs entités la Standard Oil, vont néanmoins bientôt dominer, d'abord par leur production puis par leur contrôle des marchés extérieurs, l'ensemble de l'industrie du pétrole avec, là aussi, des retombées considérables dans le domaine de l'emploi qui, lui, demeure le moins menacé par le renversement technologique actuel.

Et enfin, dernier acte, vient le règne incontesté de l'automobile. Si les technologies de base ont été inventées en France un peu auparavant, le concept d'emploi du véhicule automobile doit tout au génie organisateur de Henry Ford et à l'hypothèse extraordinairement audacieuse que celui-ci impose d'emblée : fonder toute la croissance de la nouvelle industrie sur une expansion continue du marché intérieur et donc sur une amélioration constante des prix et de la productivité conduisant pour la première fois à la fabrication de masse du célèbre « Model T ».

Certes l'Amérique, grâce au prix presque dérisoire de son pétrole, en viendra à son tour, au sortir de la grande crise, à concevoir des limousines de plus en plus rutilantes mais dont le luxe n'atteindra jamais la perfection des grands modèles européens, Rolls Royce, Mercedes mais aussi en France les bien oubliées Hotchkiss ou Hispano-Suiza. Autrement dit, l'industrie automobile, installée en maîtresse des lieux dans la région de Detroit, qui empiète déjà sur le Canada voisin avec Windsor, réorganise toute la production américaine avec une nuée de sous-traitants et d'inventeurs secondaires vers un marché intérieur surprotégé et dopé par les commandes militaires. Partie dans la modestie volontaire avec le « Modèle T » de Henry Ford, l'Amérique des années 1950 et 1960 produit alors des géants de la route qui dominent un marché très faiblement exportateur mais qui suffit largement à installer la prospérité. Grâce à l'automobile, une partie de la question noire est résolue par le haut en organisant l'emploi massif des anciens ouvriers agricoles du Sud sur les chaînes de montage du Nord ; et le développement d'une classe moyenne ouvrière et d'aficionados de la « grosse bagnole » est enfin assuré. L'industrie automobile devient donc, tout à la fois, la colonne vertébrale de ce système complexe qui va des abattoirs et de la grande bouffe jusqu'aux télécommunications et au pétrole, et elle évolue aussi en parfaite indifférence avec le reste du monde et de son marché, laissant avec dédain au petit partenaire japonais le soin de concevoir des voitures à bon marché, ou contemplant avec un mépris amusé les percées de Volkswagen, de Fiat et même de Renault, comme autant de tentatives estimables, mais limitées par le haut, de maintenir des industries nationales que seul Ford commence à pénétrer à partir de l'Angleterre et de l'Allemagne. Nous avons retracé cette véritable épopée parce que les Américains du peuple, surtout dans le Middle West, ont assuré, après des années d'équilibre entre démocrates et républicains, une véritable tempête au profit de Trump, laquelle lui aura permis son élection malgré un retard d'un million de voix sur Hillary Clinton, et parce que cette épopée de la grande industrie est évidemment le théâtre du drame que nous vivons aujourd'hui.

La famille de Michael Moore, des ouvriers irlandais de la région de Flint dans l'Indiana, ont été arrachés en une génération à la pauvreté par leur entrée dans l'industrie sidérurgique, elle-même totalement dépendante de l'automobile. Dès la fin des années 1970, l'usine ferme et la vie des Moore pâlit comme un astre en perdition. Leur fils, doué et désespéré, fera un film-pamphlet sur la désindustrialisation qui frappera tous les esprits mais sans mordre sur les réalités hédonistes de la Californie et des grandes villes de la côte Est. Moore plaît mais comme une sorte de chansonnier, dont on apprécie les saillies et dont on ne prend guère au sérieux la vision politique. Or le monde de Moore, c'est littéralement le monde de Trump, de ces hommes et de ces femmes sans grande culture mais avec un dévouement poignant à une civilisation du travail tournant autour de l'usine, de la voiture et d'une certaine forme de consommation de masse.

Quelle ne fut pas ma surprise, lorsque je visitai pour la première fois l'Amérique de la fin des années 1970, de constater que là-bas on employait couramment le terme de *middle class* pour désigner la grande majorité des ouvriers ! Lesquels, blancs ou noirs du reste, appartenaient pour beaucoup à une catégorie stable et fière de son identité qui l'avait ralliée tout entière à des idées démocratiques et républicaines, aboutissant à un socialisme modéré, celui des dirigeants du syndicat de l'automobile UAW, celui des frères Reuther, jusqu'à la démocratie chrétienne tempérée des ouvriers polonais de Pittsburgh et de l'Ohio, en passant par le pragmatisme bienveillant des républicains centristes dont la filiation dans le parti d'Abraham Lincoln avait sans aucun doute permis le début d'intégration politique des Noirs émancipés de Chicago dès les années 1890-1900.

Le premier mouvement d'émancipation, le NAACP (Association pour le Progrès des Gens de couleur) naît ainsi en ce tournant du siècle, initialement dans la gauche du vieux parti républicain.

Or, du choix draconien fait par les milieux financiers de Wall Street de liquider une grande partie de cette industrie, dont le taux de profit était jugé trop bas et les perspectives sans avenir sérieux, aura résulté une véritable mutation idéologique de l'ensemble de ces anciens travailleurs exposés au coup de froid de la déflation industrielle dès les années 1980 de Ronald Reagan. Aujourd'hui le « touriste » qui visite Flint, ou même Gary dans l'Indiana, l'ancienne capitale de la sidérurgie, pour aboutir à la métropole de Detroit qui, seule de toutes les grandes villes américaines, s'est déclarée en faillite en pleine présidence Obama et sans secours de l'État fédéral, a le sentiment qu'une espèce de guerre s'est abattue sur une population entière et a piétiné sa culture, très exactement comme l'agriculture prospère du Sud profond – coton et canne à sucre – a été piétinée sans merci au lendemain de la guerre de Sécession. Les mêmes causes produisant les mêmes effets, on voit ainsi apparaître aux marges de ce Middle West, notamment dans les grands États purement agricoles, autrefois tentés par un socialisme agraire, des sortes de « Ku Klux Klan » nordistes qui ne songent qu'à préserver la nostalgie de leur mode de vie passé, et à se venger des auteurs encore anonymes de leurs infortunes.

Ici le récit doit s'ouvrir sur le cas Elvis Presley. Le hasard des voyages transcontinentaux a voulu que, sur l'interminable vol Los Angeles-Paris, je regarde un petit film qui nous était proposé, *Elvis & Nixon*, de Liza Johnson. Je m'attendais évidemment, comme sans doute cela avait été l'intention originelle de la réalisatrice, à regarder une farce qui se moquerait intelligemment – ou pas d'ailleurs – de ces deux mythes associés des années 1960-1970 et qui s'étaient effectivement rencontrés en une seule mémorable journée, dont l'occasion avait été fournie par les désirs apparemment névrotiques du « King » lui-même. Elvis Presley, qui ne tournait plus très rond il est vrai, était assailli de nombreuses obsessions paranoïaques, et voulait s'en ouvrir à Nixon qui était devenu son idole qu'il créditait de qualités morales et physiques à la vérité extraordinaires… et naturellement comiques. Accompagné d'un assistant, il se présente donc à la porte de la Maison-Blanche d'où il est refoulé séance tenante, pour prévenir Nixon qu'il se trouve à Washington et désire lui parler confidentiellement. Après un premier rejet du président, les jeunes conseillers de ce dernier et sa fille chérie Patricia, tous fans du rocker, vont tout faire pour convaincre le président de l'intérêt, au moins en termes d'image propagandiste, de la rencontre. C'est donc un Nixon très réticent qui accepte du bout des lèvres une brève interview, à seule fin d'obtenir une dédicace et une photo de l'artiste que Patricia l'a supplié de demander. Parvenu à cet invraisemblable dialogue, Elvis va débiter tout un compliment à Nixon sur sa force politique et exprimer toute l'angoisse que lui inspire la généralisation des drogues chez les adeptes de sa musique, dénonçant au passage l'engagement « pacifiste et communiste » de ses rivaux, les Beatles, particulièrement de John Lennon qui, on le sait maintenant, avait par patriotisme irlandais subventionné en douce les menées de l'IRA et bien sûr combattu la guerre américaine au Vietnam. Au passage, Presley demande de devenir un agent informel du FBI et devra se contenter d'une sorte de médaille en chocolat à l'issue de la rencontre. Mais, on s'en doute, l'essentiel du film n'est pas là. Insensiblement en effet, pendant cet échange, quelque chose d'intense passe entre le président et le chanteur, de l'ordre d'une complicité humaine de deux hommes seuls et désemparés. À la fin, comble du ridicule, Presley sur le départ esquisse une figure de karaté qui devait rendre le président invincible et frappe les paumes de Nixon de ses poings pour en tester la dureté immarcescible. On pourrait lire l'ensemble de cette histoire comme une farce gauchiste faisant sourire des deux protagonistes : Sunset Boulevard va à la rencontre du Watergate en préparation ; mais tout cela provoque aussi une empathie véritable. Et, derrière le côté pathétique de sa solitude, on s'aperçoit peu à peu que Presley ne dit pas que des bêtises : la drogue est bien en effet en train de ravager une génération entière et de provoquer une mutation culturelle terrible et dangereuse pour l'équilibre mental de l'Amérique tout entière. Les Beatles et la bonne gauche – la fin de John Lennon en témoigne abondamment – évoluent dans un milieu complaisant, dont la fermeture idéologique est peut-être plus grande que celle des deux santons conservateurs, Nixon et Presley. Et Nixon apparaît, en fin de compte, comme un personnage très humain non dépourvu d'humour et d'un certain bon sens qui le conduira bientôt chez Mao pour y enterrer la guerre froide plus efficacement que les imprécations de la nouvelle gauche. Quant à Elvis Presley, il manifeste dans sa naïveté enfantine une sorte de dévouement civique égaré qui, dans le fond, atteste d'une préoccupation de l'avenir du pays qui ne peut manquer de nous émouvoir, même en conservant une certaine distance. Pour couronner ce récit et achever d'en sceller l'ambiguïté fondamentale, l'accompagnateur d'Elvis – très sympathique et souvent désapprobateur, mais avec la même indulgence que nous éprouvons pour notre part – nous est présenté à la fin du film comme ne tardant pas à quitter son pauvre ami pour devenir le manager du grand chanteur de gauche Billy Joel, qui, lui-même, dira avec mélancolie, dans sa célèbre chanson « Allentown », la triste décadence de la Pennsylvanie minière et manufacturière.

Bref, comme tous les grands artistes, la réalisatrice et les acteurs de cette petite sotie ont eu sans doute à l'avance le pressentiment de Donald Trump : les francs réactionnaires de la guerre froide, malgré quelques ridicules, n'avaient pas tort sur toute la ligne : l'effondrement des mœurs et la perte de sens d'une mission présidentielle, dont Nixon, lui, ne doutait évidemment pas, ce qui ne le privait nullement d'une humanité véritable. Tout cela est bel et bien advenu. C'est cette humanité que nous ne trouverons plus chez les snobs convenus de l'establishment politico-médiatique dans le sourire entendu et satisfait de la bande à Clooney qui a remplacé le « Rat Pack » de Dean Martin, Peter Lawford et Sammy Davis Jr des années 1960. Par contraste, le bon sens réac trouve ici un début de réhabilitation narquoise. Après tout, les snobs de Hollywood et de Wall Street réunis n'ont sûrement pas volé le bois vert que Trump leur assène. La grande différence toutefois entre le milliardaire de l'immobilier, et les critiques antérieurs, dont l'écho traverse ce petit film, c'est le basculement à l'extrême droite de ces sentiments qui appartenaient, à l'origine, de plein droit à un certain centre-gauche : celui du gourou de Wall Street, Henry Kaufman, à l'époque de Reagan, dont les prédictions souvent pessimistes, que suivaient les marchés avec enthousiasme, reposaient, selon lui, sur de solides convictions rooseveltiennes et keynésiennes qui misaient déjà sur l'échec de la grande révolution libérale des républicains de Ronald Reagan.

Plus virulent et plus charismatique encore que Kaufman, qui prit un jour sa retraite, le véritable « gourou » d'Omaha, Warren Buffett, s'est affirmé jusqu'à aujourd'hui comme le plus grand investisseur privé, en affirmant brutalement qu'il ne croyait pas dans la révolution informatique et ne consacrait ses fonds qu'à des entreprises dont il comprenait le fonctionnement, et plus explicitement encore à ces industries de la « brique et du mortier » liées au bâtiment et aux infrastructures, quand ce n'était pas à l'agroalimentaire. Jusqu'à présent, depuis Omaha où les investisseurs se rendent annuellement en pèlerinage comme à La Mecque, Warren Buffett n'a jamais fait perdre d'argent à ses clients, bien au contraire, et affiche calmement une adhésion sans faille au Parti démocrate et une croyance non moins affirmée dans les vertus de l'industrie traditionnelle, et même d'un certain protectionnisme. Autrement dit, les insinuations d'extrême droite et la haine des bourgeois exceptées, Buffett avait déjà depuis des années, et à la suite de Henry Kaufman, formulé le véritable programme économique de Donald Trump, lequel du reste n'a jamais hésité à soutenir de temps à autre le Parti démocrate au nom du vieil axiome : « Quand le bâtiment va, tout va. »

Mais alors pourquoi tant de haine ? Les bons esprits conciliateurs et volontiers sociologues nous expliquent combien le « peuple » de l'Amérique profonde est d'abord à plaindre et à comprendre, au lieu de le vitupérer comme l'ont fait les bobos de la côte Ouest hédoniste et de la côte Est financière, toutes deux acquises à la synthèse bancale que représentait Hillary Clinton, dernière représentante d'une génération qui, sans avoir totalement échoué, n'a tout de même pas réussi sur l'essentiel : Bill Clinton, le plus brillant d'entre eux ; Al Gore, le chevalier sans armure de l'écologie politique ; Barack Obama, le roi du politiquement correct (*Yes We Can*) et, pour clore cette marche de moins en moins triomphale, la sénatrice de New York, Hillary Clinton.

Certes. Mais n'est-ce pas innocenter un peu facilement Trump et ses amis du véritable déluge de haine et de bassesse qu'ils ont ensuite déversé sur ces braves électeurs des classes moyennes en péril, dont on eût aimé qu'ils demeurent un peu fidèles à leur point de départ, dans ce Middle West de Lincoln et des deux Roosevelt ? Il faut, pour comprendre ce phénomène, se référer à cette véritable culture de la haine dont l'épicentre, à n'en pas douter, se situe après la guerre de Sécession et la défaite des esclavagistes au sud des États-Unis, particulièrement dans cette lisière frontalière (Kentucky, sud de l'Illinois, moitié sud-ouest du Missouri) où les partisans démocrates du Sud, longtemps minoritaires mais de peu, ont nourri dans la compétition électorale une colère idiosyncratique envers les républicains du Nord, alors de gauche et nostalgiques de Lincoln. Chez les démocrates de New York, où une partie de la communauté irlandaise soutenait en fait le Sud à travers l'appareil local du Parti démocrate, Tammany Hall, ces comportements hostiles ont donné naissance à un populisme très particulier qui commence à exercer ses ravages dès la fin des années 1890 et aboutit à la synthèse démagogique de William Jennings Bryan, avec un programme inflationniste d'abolition de l'étalon-or (par promotion de l'argent qu'on trouvait alors en abondance dans les mines de l'Ouest, en seconde monnaie de réserve). Ce programme de déstabilisation financière s'accompagnait, chez Bryan, d'accents, à l'époque socialisants, contre le pouvoir de la finance de Wall Street, d'insinuations antisémites et de dénonciations virulentes d'un establishment dont les classes dirigeantes du Sud avaient été chassées, sans aucune exception, au lendemain de la défaite des Confédérés. Mais chez Bryan, tout cela avait été dit dans un mélange de rhétorique exaltée et de coups bas allusifs, où la diabolisation de l'autre faisait figure d'explication programmatique. Battu enfin par l'émergence d'une gauche du Parti républicain, emmenée par un véritable héros militaire, Teddy Roosevelt, lui-même issu d'une grande famille patricienne de la partie rurale de l'État de New York (« The Upstate »), Bryan disparut corps et biens après avoir propagé le fantasme d'une guerre civile possible. Mais son âme inquiète et perturbatrice plane toujours sur cette charnière sensible qu'incarnent les frontières du Middle West et du Sud profond, à cheval entre conservatisme et populisme.

Sous Franklin Roosevelt, on reverra ces grandes gueules haineuses à l'œuvre dans certains médias et certains États, prenant fait et cause de manière agressive pour un isolationnisme profond, dénonçant les lobbies anglais (la City) et juifs (une partie de Wall Street) désireux, selon eux, d'entraîner l'Amérique dans une mauvaise guerre avec Hitler et le Japon qui ne servait que leurs intérêts. Une nouvelle fois réduit au silence, ce parti de la haine trouvera à rebondir avec un ancien démocrate irlandais rallié de fraîche date, dans le Middle West, au Parti républicain, le sénateur Joe McCarthy. Les yeux injectés de haine, mais surtout d'une certaine boisson fermentée qu'il consommait sans mesure, McCarthy est d'abord nourri par les indiscrétions ciblées des principaux chefs des services de renseignement, Edgar Hoover du FBI en tête, qui enragent de voir les élites de la société de gauche rooseveltienne se faire les protecteurs des communistes et de leurs sympathisants, qui, c'est vrai, étaient encore un quart d'heure plus tôt les alliés du Parti démocrate rooseveltien. Le maccarthysme créera, malheureusement sur des bases objectives incontestables, une véritable phobie de l'Union soviétique, alors que l'évolution même du système stalinien désarmait tous ces militants communistes et communisants à 80 % issus de la communauté juive qui se sentaient alors pris entre deux feux et, comme nous l'avons vu, souvent tentés par l'exil pur et simple, comme Charlie Chaplin en Suisse et Joseph Losey en Angleterre. Habile, du moins le croyait-il, McCarthy dissimulait son antisémitisme foncier sous l'apparence d'une alliance de fer avec son principal assistant, juif et républicain, Roy Cohn, personnage clef des enquêtes de la Commission des activités anti-américaines. Point n'est besoin d'être féru de théorie psychanalytique pour comprendre que le brillant Cohn était animé, dans cette tâche peu ragoûtante, par une haine de soi rendue explosive par son homosexualité qu'il vivait aussi mal que son ami Edgar Hoover à la tête du FBI. À la fin de sa vie, Roy Cohn, agonisant du sida, fera aux journalistes du *New York Times* des aveux déchirants sur cet épisode terrible. Si le noyau maccarthyste disparut ainsi corps et biens, il avait néanmoins entraîné de dangereuses dérives chez de jeunes élus ambitieux des deux partis, tels que Richard Nixon pour les républicains et Bobby Kennedy pour les démocrates. L'un comme l'autre allaient par la suite révéler des tempéraments d'hommes d'État à l'opposé de leurs éructations de jeunesse. Mais le mal était là. Et il allait permettre, dans ces troubles années 1950 où la ségrégation raciale n'était pas abolie, de criminaliser les idées de la gauche et d'amnistier entièrement les engagements de la vraie droite, désormais sise au sommet du Parti républicain au pouvoir. Sous Eisenhower, pourtant lui-même hostile à ce climat, une partie considérable du pouvoir avait été remise aux mains des frères Dulles : Foster au Département d'État et Allen à la tête des opérations de la CIA. Ces Castor et Pollux de l'anti-communisme militant avaient tout de même jusqu'en 1939 défendu les intérêts allemands contre les menaces de boycott économique à la tête du cabinet d'avocats Crown, dont les liens avec Berlin étaient alors explicites. Le sénateur Vandenberg, dont l'US Air Force a affublé du nom, l'une de ses bases principales, avait également bien récupéré de son isolationnisme militant d'avant 1942 pour plaider, dans ces mêmes années 1950, la lutte à outrance contre l'Union soviétique et la Chine de Mao. La haine maccarthyste du communisme, nourrie des récits d'horreur de la répression stalinienne au-delà des frontières, permettait ainsi une réhabilitation en masse des idées les plus contestables de la droite anti-rooseveltienne des années 1930 et, au passage, justifiait l'interruption de la dénazification en Allemagne, le contrôle par la CIA du réseau SS du général Gehlen, à l'apogée de la guerre froide, le soutien et la cooptation institutionnelle des extrêmes droites, de l'Amérique latine à l'Italie et à la Grèce. Le ferment de productivité de la haine était bien là, et c'est bien sûr cette haine qui armera la main des assassins comploteurs de John Kennedy en 1963. Depuis lors, cette haine en provenance de l'extrême droite populiste semblait redevenue récessive avec la domination intellectuelle, de plus en plus marquée, des idées de 1968 dans toute une génération qui se retrouvera encore derrière Bill Clinton, à la fin des années 1990.

Mais attention ! Outre le maintien dans le sud des États-Unis d'un noyau raciste classique autour des survivants du Ku Klux Klan, qui réussira encore à faire élire au Congrès comme indépendant son théoricien néonazi David Duke, grand ami en Louisiane des idées de Faurisson, cette haine devenue de plus en plus « culturelle » explosera dans le mouvement dit du « Tea Party » à l'apogée du clintonisme. Qu'est-ce que le « Tea Party » ? Il s'agit d'une référence à l'épisode fondateur de la guerre d'Indépendance américaine, lorsque des émeutiers décidèrent, par protestation contre la politique de taxation arbitraire du gouvernement de Londres, de saccager et de jeter à la mer des cargaisons de thé importé d'Angleterre et d'Inde pour saboter l'autorité contestable de la Couronne britannique. Il va de soi que le choix d'une telle métaphore signifie qu'une partie de la population aurait le droit de se déclarer en insurrection, avec des conséquences violentes à la clef, contre un État fédéral aveugle qui, dans le fond, ne mériterait pas mieux qu'une protestation subversive et une forme de sécession du corps social. La rampe de lancement de Donald Trump est donc déjà là, établie jusqu'à aujourd'hui. L'appellation choisie « Tea Party » laisse encore dans l'ombre le recours aux célèbres « Minutemen » de la guerre d'Indépendance : il s'agissait alors, toujours à Boston et dans le Massachusetts, de ces volontaires qui pouvaient s'armer d'un fusil dans « la minute » pour faire le coup de feu face au pouvoir répressif de la Couronne.

On verra ici ces mêmes « Minutemen » réapparaître comme justification de ces nombreuses milices rebelles de la frange encore pionnière de l'ouest des États-Unis, où ils influenceront dangereusement les militants locaux du Parti républicain. Avec son acuité de jugement, Costa-Gavras nous décrit dans l'un de ses récents films, la dérive sectaire de ces miliciens qui finiront par passer à l'acte, notamment dans l'attentat d'Oklahoma City de l'an 2000 – quand bien même le problème d'une manipulation islamiste de cette extrême droite demeure à ce jour entier.

Mais nous avons ici la démonstration des sommets de violence, pas seulement symbolique, que ce mouvement a pu atteindre dans les vingt dernières années. Certes, les « Tea Party » n'en sont pas là, même si leur rhétorique séparatiste évoque le climat de plus en plus haineux de l'Amérique des années 1850, quand le sénateur Calhoun de la Caroline du Sud déniait au pouvoir fédéral tout droit de légiférer dans les États esclavagistes du Sud. Pour mieux masquer le caractère puissamment subversif de leur discours, les « Tea Party », exactement comme les partis démocratiques en plein désarroi du Venezuela, qui avait précédé la prise de pouvoir de Chavez, choisissaient comme porte-parole de véritables reines de beauté, ou plutôt des femmes d'âge mûr, dont le charme et la séduction annulaient volontiers le tranchant du discours ; de même que la référence, volontairement de gauche, à la révolution américaine était censée désamorcer les préventions venues du « mainstream » du corps électoral. Mais cette révolution américaine revue et corrigée par les nostalgiques de la guerre froide, nous en connaissons maintenant la rhétorique grâce au film atroce de l'acteur australien Mel Gibson qui, tout comme Errol Flynn dans les années 1940, est tout à la fois Australien d'origine et pronazi de conviction. Ce que pense Gibson du monde, il nous l'a dit dans son film hyperréaliste *La Passion du Christ* (2004) où il fait de Jésus de Nazareth, en version araméenne originale, une victime du satanisme, inspiré bien entendu par les juifs. Si ce cabot violent ne trouve guère de financement à Hollywood pour d'autres films à venir, sa popularité sur les écrans lui a permis d'incarner encore sa version, en fait celle du « Tea Party », de la guerre d'Indépendance, dans le film *The Patriot*. Ici les Anglais (entendez aujourd'hui l'État fédéral) sont représentés comme des fauves assoiffés de sang qu'on ne peut même pas comparer à des nazis, car les nazis étaient, comme chacun sait, bons et compatissants envers les animaux et les victimes du cancer du sein ! La guerre d'Indépendance n'a plus lieu à Boston, ce haut lieu de l'« université pourrie » du XXe siècle, mais en Caroline du Sud où Mel Gibson incarne un propriétaire terrien révolté, profondément animé par un désir de vengeance bien compréhensible…

Notation curieuse : il n'y a pas un seul Noir dans cette Caroline du Sud insurgée, même pas d'esclaves dévoués à leurs sympathiques propriétaires. Non, ce sont des sudistes tous blancs qui incarnent ici le bien et le martyre. Ce film restera comme le témoin de ce que pensent vraiment les adeptes du « Tea Party ». Après l'avoir vu et approuvé, le vote Trump coule de source.

Mais cette analyse est encore insuffisante. Il ne suffit pas en médecine d'avoir repéré l'agent actif de l'infection – ici la haine d'extrême droite américaine –, encore faut-il déceler les raisons d'un affaiblissement de l'immunité du sujet, lorsqu'il était à peu près sain. Le projecteur doit donc se déplacer vers une déviation beaucoup plus profonde, et sans doute plus dangereuse, du système politique américain. Nous voulons ici parler de l'idéologie même des partis et du remplacement, au sein du Parti démocrate, de la vieille gauche rooseveltienne par une nouvelle gauche post-soixante-huitarde qui s'accompagne simultanément de l'émigration vers la droite d'un mouvement que l'on a qualifié depuis de néo-conservateur et qui occupera, assez vainement, le devant de la scène sous la présidence de George W. Bush. Mais cela nous demande un effort d'analyse un peu plus approfondi.

Comment la gauche américaine s'est perdue

L'histoire du système politique américain est marquée par deux ruptures catastrophiques qui vont le laisser dans un état d'incertitude profond. La première rupture a lieu dès 1944 et se trouve d'abord imputable à la politique de Staline lui-même. Il s'agit alors du sacrifice délibéré du Parti communiste américain et de son chef, à l'époque en pleine gloire, Earl Browder. Cet épisode est littéralement tragique et se trouve couronné par un drame bien plus poignant encore, l'exécution des époux Rosenberg, des militants communistes qui avaient été effectivement des agents de petit niveau de l'espionnage nucléaire soviétique en Amérique. Le second épisode est moins tragique, puisque son principal protagoniste est encore vivant et d'une verdeur intellectuelle à faire pâlir d'envie les plus jeunes, à savoir Henry Kissinger. Mais avec l'affaire du « Watergate » et la quasi-destitution d'un Nixon discrédité à jamais, c'est la seconde rupture qui, elle, affecte le conservatisme américain en voie d'accomplir une mue décisive vers un compromis historique dans la guerre froide, fondé sur une réconciliation durable avec Pékin. La conjonction de ces deux drames provoque tout d'abord un décollement dangereux, et même fatal à terme, de l'aile gauche du système américain et du mouvement ouvrier. La seconde entraîne la droite américaine dans une politique de revanche et de surenchère qu'elle fera partager, bien au-delà de ses frontières explicites, par la patrouille perdue d'un groupe d'intellectuels, surtout juifs, eux aussi issus de la vieille gauche et en route vers une forme de droite sans cervelle. Soumis à cette double pression, le système politique américain va alors donner des signes généralisés de faiblesse qui l'ont entraîné jusqu'au collapsus Trump. Seule la reconstruction d'un nouveau système politique permettra, avec beaucoup de patience, de pédagogie et de médecine homéopathique, de soigner ces deux terribles ruptures que les Américains comprennent encore mal à ce jour.

Mais commençons par la tragédie, à l'apogée de la victoire apparente des nations antinazies, en 1944. Rien n'est plus parlant pour la comprendre que de lire les Mémoires déchirants du propre petit-fils d'Earl Browder, parus récemment et qui font avec candeur le récit de ses malheurs dans la Russie de Poutine. Pour dire les choses rapidement, Bill Browder est devenu un jeune financier plutôt doué de Wall Street qui, attiré inconsciemment par la patrie morale de son grand-père, se passionne pour la Russie, y investit des sommes considérables en association avec les oligarques naissants, lesquels sont encore alors assez sympathiques, se retrouvera bientôt prospère au-delà de toutes espérances et deviendra de plus en plus influent à l'intérieur du nouveau régime capitaliste russe. Et tout s'effondre en un instant.

Prévenu par l'affairiste George Soros, Browder incrédule se rend compte que son prétendu ami l'oligarque Potanine achète, dans son dos, des actions de son groupe afin de diluer sa majorité de blocage et de s'en emparer. Ces menées sont parfaitement illégales et vont aboutir à sa spoliation, bientôt suivie d'une expulsion de Russie et d'avanies diverses, dont il nous relate le détail avec passion en pensant susciter, un tant soit peu, l'indignation du lecteur. Mais la réponse, c'est déjà Potanine qui la lui a fournie lors de leur première dramatique confrontation : « Mais que crois-tu donc, mon pauvre Browder ? Tu es ici en Russie et ton droit des affaires n'a aucune importance. C'est nous, à la fin de cette histoire, qui décidons ce qu'il faut faire et qui sera riche. Et tu ne l'as pas compris ? » Lisant ce récit un peu comique, et surtout lamentable, je n'ai pas pu m'empêcher de penser au destin de son pauvre grand-père qui aura vécu en 1944 la même avanie, mais ici sur le mode autrement héroïque de la guerre mondiale. Et je repense encore à la longue conversation que j'ai eue, mais uniquement au téléphone, avec le fils d'Earl Browder, brillant mathématicien de Princeton, qui faisait tout pour faire oublier sa généalogie et n'aurait pas souhaité que son propre fils se remette dans la souricière, quels que soient les avantages financiers qu'il aura recueillis de sa triste aventure.

Earl Browder était un fils de pasteur du centre des États-Unis, marqué par les idées de socialisme agraire qui ont fleuri alors dans ces régions oubliées du Middle West, et se sont étendues au-delà de la frontière jusqu'au Canada voisin du major social-démocrate Tommy Douglas, avec la CCF (Fédération du Crédit coopératif). À l'époque, les agriculteurs suédois, allemands et « WASPs » de ces régions difficiles aspiraient à une vie rude mais égalitaire où l'État et la solidarité naturelle des citoyens luttent ensemble contre les aléas du marché et du climat, et assurent progressivement aux agriculteurs une sorte de sécurité sociale qui nourrira bientôt la pensée socialiste très éclatée de la gauche américaine. Venu d'un tel environnement plutôt modéré, Browder fera donc merveille dans les années anti-fascistes du Front populaire où, en Amérique comme dans la France de Léon Blum, bientôt dans l'Espagne républicaine en lutte et dans la Chine de l'alliance des communistes et des nationalistes, on espère dans une forme de dépassement de l'isolement et du sectarisme soviétiques, au profit d'une grande alliance à l'échelle mondiale, dont le rapprochement de Staline et de Roosevelt semble devoir être la clef. Browder, tôt recruté par le Komintern et véritable agent secret de la révolution aux Philippines et en Chine à la même époque où Malraux découvre, dans *La Condition humaine*, le drame de la révolution chinoise, avait tout, outre son intelligence ardente, pour vouloir exorciser les démons sectaires du communisme, surtout ouvrier et immigré, de la côte Est.

Certes, comme nombre de dirigeants du Parti, il avait épousé une juive dont il divorcera plus tard et qui, miraculeusement, se réfugia « indemne » en Union soviétique où un réalisateur américain la retrouvera dans les années 1990, vivant misérablement dans un petit logement social de Moscou, amère et dénuée de tout. Sous la présidence de Browder, le mouvement communiste américain connaîtra une croissance sans précédent. Il refuse à deux reprises de se présenter à l'élection présidentielle, appelant son parti, à la différence de toutes les autres sectes socialistes, à voter Roosevelt dès le premier tour. Interlocuteur apprécié de la Maison-Blanche, il entraîne ses cadres dans la conquête du nouveau syndicat de gauche, le CIO, qui rompt après les grandes grèves de l'automobile de 1936 avec le syndicalisme traditionnel de l'AFL, et va incarner, surtout dans le textile et l'industrie automobile, la nouvelle réalité combative et culturellement avancée du mouvement ouvrier.

Certes, il trouve dans ce mouvement syndical quelques freins efficaces, notamment dans la personne du grand patron du textile, Sidney Hillman, un socialiste juif newyorkais russo-polonais qui rompt avec le Parti socialiste officiel pour rejoindre directement

Roosevelt, lui aussi, en 1935 ; et surtout, dans l'automobile, deux organisateurs hors pair, les frères Reuther, issus par leur père de la social-démocratie allemande et très déçus autant qu'éclairés par la réalité soviétique qu'ils auront connue après un stage d'un an dans une usine soviétique. Ceux-ci, par leur charisme, feront du nouveau syndicat de l'automobile (UAW), dans tout l'après-guerre, la base la plus stable de l'aile gauche du Parti démocrate. Browder défait, c'est Walter Reuther, à la tête de l'UAW, qui portera de sa voix la gauche ouvrière américaine, en étroite alliance avec le syndicaliste chrétien qu'était le sénateur de New York, Robert Wagner, inspirateur de la plupart des lois sociales du New Deal. La progression de Browder fut donc spectaculaire mais malgré tout limitée, au sein du CIO lui-même et chez les ouvriers, par le réformisme profond du syndicat de l'automobile... ou de celui des camionneurs dont le chef Jimmy Hoffa, encore proche des trotskistes du Minnesota, n'avait pas encore basculé dans le gangstérisme qui le conduira à comploter activement contre les frères Kennedy dans les années 1960.

Mais Browder, lui-même intellectuel bien qu'autodidacte, avait une autre carte dans sa manche : Hollywood. Dans ce temps béni de la production cinématographique, les grands *tycoons* avaient fait appel à une foule de travailleurs intellectuels, scénaristes, cameramen, opérateurs divers et aussi à de nombreux acteurs séduits par le contact avec les réalisateurs issus du chaudron new-yorkais de Broadway et très influencés par l'antifascisme de gauche. Bientôt l'intelligentsia américaine sera le second front de la pénétration communiste, avec des succès spectaculaires : le théâtre de Clifford Oddets, les romans de Lillian Hellman, l'invention du roman policier social californien par Dashiell Hammett, ou l'action humanitaire d'un Upton Sinclair toujours en Californie et, avec le soutien actif des grands écrivains, John Dos Passos ou John Steinbeck, dont le livre *Les Raisins de la colère*, aura été transmué en film par le républicain de gauche John Ford, et qui représente sans aucune ambiguïté la première tentative de film de facture soviétique aux États-Unis.

Au total, Browder avait réussi sans jamais s'opposer à Roosevelt, mais en lui proposant un dynamisme et une radicalité intellectuels dont le vieux Parti démocrate, même enrichi de sociaux-démocrates et de républicains de gauche issus du premier mouvement de Teddy Roosevelt, était encore peu capable. Là-dessus, la conclusion du pacte germano-soviétique en 1939 frappe le Parti comme la foudre et entraîne le départ de nombreux sympathisants, voire d'adhérents clandestins comme le grand physicien Robert Oppenheimer, hors de l'influence du Parti. Browder fera même un petit séjour expiatoire en prison, déjà dans l'esprit de revanche de cette aile du Parti républicain très anticommuniste mais qui soutient Roosevelt par sympathie pour l'Angleterre de Churchill et volonté de répondre militairement aux agressions de l'Allemagne et du Japon.

Mais le 7 décembre 1941 tout change à nouveau. Browder sort de sa disgrâce et va redevenir un animateur inlassable de l'effort de guerre et de la solidarité de l'Amérique avec l'Union soviétique. Non seulement ses efforts ne sont pas vains mais il rattrape presque entièrement les pertes de 1939-1940 avec une nouvelle génération de militants enthousiasmés par la résistance soviétique et portés par une foi patriotique américaine sincère. C'est alors que Browder juge la situation désormais mûre pour un dépassement par le haut de l'identité communiste proprement dite. Il propose donc à son parti de se dissoudre pour l'essentiel, et de transformer la nouvelle « association politique communiste » en un courant d'idées, actif dans le

Parti démocrate et dans le syndicat CIO, mais ouvert aussi à tous les autres courants socialistes qu'il invite par ailleurs à rejoindre, eux aussi, le grand mouvement rooseveltien, en passe tout à la fois de libérer l'Europe avec l'Union soviétique et de transformer définitivement le visage de la société politique américaine. Beria et les services secrets soviétiques sont entièrement d'accord avec cette démarche qui, pensent-ils, facilitera leur action d'influence au cœur de la vie américaine. Au même moment d'ailleurs, Moscou soutient une politique totalement pro-sioniste en Palestine, dont l'objectif à court terme serait de faire de l'Union soviétique le véritable protecteur de la communauté juive, laissant aux Britanniques le soin d'organiser de leur côté la majorité arabe en étroite liaison avec la dynastie hachémite au pouvoir, tout à la fois en Irak et en Transjordanie.

Et c'est là que le couperet tombe. Un très sinistre personnage, Chtcherbakov, qui n'est autre que le beau-frère du numéro deux du parti, Andreï Jdanov, et l'influent commissaire politique général de l'Armée rouge, qui a l'oreille de Staline, a décidé que trop c'était trop : Browder, l'ambassadeur à Washington Maxime Litvinov, de plus en plus Molotov et, pour finir, Beria lui-même, vont trop loin dans les concessions. Leur consentement à la dissolution du Parti communiste américain revient à tout miser sur une alliance durable avec l'Amérique dont certains, influents à Moscou, ne veulent pas entendre parler. La Russie doit garder sa vigilance et sa liberté d'action sans se faire entraîner par Roosevelt dans une sorte de condominium où l'Union soviétique, pauvre et ravagée, sera naturellement le partenaire secondaire et l'Amérique le moteur principal. Il est temps de garder son quant-à-soi, d'interdire le révisionnisme d'Earl Browder en Amérique et de préparer plutôt un affrontement inévitable avec l'Occident qui passera par la réactivation militante de partis communistes devenus pour certains d'entre eux trop complaisants avec l'Occident. Chtcherbakov aura gain de cause. On fait écrire par Jacques Duclos, le numéro deux du Parti communiste français, connu pour son sectarisme, une lettre ouverte de critique aux communistes américains, que Togliatti en Italie et Mao lui-même en Chine, se refuseront à entériner. Les mêmes éléments dogmatiques prétendent du reste qu'il existe en Amérique des moyens de résister plus efficacement en cas de lutte ouverte avec le régime post-Roosevelt et ils placent tous leurs espoirs dans le grotesque vice-président Henry Wallace, déjà en disgrâce auprès du président, mais qui pourrait, avec l'aide de son gourou russe et mystique Nicolas Roerich, animer un fort courant de gauche, moins complaisant à l'égard de l'allié du moment. Tout comme son petit-fils avec Potanine, Earl Browder, au seuil de la réussite, se verra expliquer que les intérêts fondamentaux de l'Union soviétique priment, et de loin, sur les vagues aspirations réformatrices d'un secrétaire de parti qui doit rester aux ordres. Du reste, Browder sera vite contraint à la démission, antichambre d'une exclusion définitive du Parti qui ne sera prononcée, elle, qu'au tout début de la guerre froide proprement dite, début 1947.

Mais dès ce moment fatidique de la critique officielle de Jacques Duclos, fin 1944, le signal de l'hallali est donné pour la politique américaine de l'Union soviétique et la victime immédiate en sera le communisme américain, et bien vite le mouvement ouvrier intellectuel et syndical, dont il est, depuis 1936 au moins, le moteur véritable. Browder et les siens avaient spéculé sur la transformation, après la victoire, de la relation américano-soviétique et auraient espéré que la démocratie américaine, devenue article de foi d'un Parti communiste en voie de dissolution, soit aussi progressivement adoptée comme idéal plus ou moins amodié par la Russie victorieuse elle-même, et surtout, sans aucun doute, par les nouvelles « démocraties populaires » dont Moscou venait de s'arroger le contrôle par sa victoire militaire. Staline, dès les années 1930, avait déjà tout fait pour briser Boukharine et l'aile droite réformiste du communisme soviétique, lorsque celle-ci pensait allier définitivement la Russie révolutionnaire à la social-démocratie allemande, de la République de Weimar pour aboutir progressivement à une synthèse nouvelle et infiniment moins sectaire. Or il découvrait avec horreur que c'est précisément ce programme que Beria, Molotov et tant d'autres avaient en tête pour une après-guerre dont les espérances n'étaient plus la révolution mais la réforme. Et le partenaire souhaité, non plus une Allemagne de Weimar fragile et toujours exposée, mais une Amérique puissante et sûre de son bon droit, et qui allait inévitablement dominer le couple, au moins pendant une décennie. C'est la raison pour laquelle le dictateur écouta Chtcherbakov et fit infliger par ses envoyés à Washington un désaveu sans appel de Browder dont, hélas, son petit-fils allait revivre presque trait pour trait l'humiliation tragique avec les oligarques proches de Poutine, plus de soixante ans après. Browder, qui avait tout subi se défendra explicitement, y compris de son inculpation après le pacte germano-soviétique de 1939 ; il avait pourtant dû faire comprendre à ses interlocuteurs que renoncer à son projet, c'était suicider délibérément le Parti communiste américain. Et les émissaires de Moscou lui ont sans doute répondu que l'avenir du communisme américain n'était pas très important, alors que celui de l'Union soviétique et de Staline était fondamental. C'est ainsi que, malgré de très fortes positions à la fois officielles et clandestines, le mouvement communiste fut jeté aux chiens. Harry Hopkins, qui était l'intime de Roosevelt et l'interlocuteur privilégié des Soviétiques, mais nullement l'agent de ces derniers, se mourait de toute manière d'un irrémédiable cancer. L'imbécile crédule qu'était Henry Wallace, déjà démasqué par le même Hopkins pour une correspondance grotesque avec son gourou Roerich, divulguée dès 1940, venait de perdre tout espoir d'être reconduit à la vice-présidence, ce qui en aurait fait le président des États-Unis à la place de Truman après la mort de Roosevelt. Bientôt, on fera démissionner Wallace du gouvernement, pour prendre la tête d'une coalition hétéroclite, totalement organisée par un Parti communiste américain déjà en perdition et qui s'effondrera de lui-même à ce moment décisif de 1948 où, dans une guerre froide qui démarre, la véritable gauche et les syndicats n'hésitent pas à sauver Truman d'une opposition républicaine conservatrice en plein essor. La débandade était donc bien engagée mais il y manquait une touche finale de tragédie qui adviendra peu de temps plus tard avec l'arrestation des époux Rosenberg.

En réalité, le service du chiffre américain interceptait depuis des années les communications de l'ambassade soviétique à Washington avec de mystérieux correspondants, mais sans pouvoir déchiffrer leur contenu. Il se trouve que, dès 1940, des experts japonais étaient venus prêter main-forte à la Finlande en guerre contre Staline et avaient aidé leurs nouveaux amis nordiques à commencer le déchiffrement des communications soviétiques. Avant de signer avec Moscou un armistice définitif en 1944 et de consentir à la domination partielle de son pays par la Russie stalinienne, le maréchal Mannerheim se débrouilla quand même pour faire passer aux Américains en Suède l'ensemble des données dont il disposait déjà. Il ne fallut pas attendre bien longtemps pour qu'à la suite d'une erreur technique d'un capitaine de bateau soviétique, le code « Venona » tout entier devienne déchiffrable et que l'Amérique, grâce à cette découverte à la Champollion, puisse remonter dans le temps et se faire une idée très exacte de tout le système soviétique clandestin chez elle.

Bientôt la réalité de l'espionnage nucléaire deviendra presque entièrement déchiffrable par la nouvelle CIA et les différents agents, presque tous militants du Parti communiste, cueillis un à un en prétextant des dénonciations, afin de cacher les sources véritables de ce démantèlement providentiel. Il eût suffi que les Rosenberg avouent leur culpabilité pour s'assurer une peine de prison de durée moyenne, comme l'avait conseillé initialement leur avocat communiste, Emmanuel Bloch. Mais là, tout change. Le nouveau crime soviétique contre ce qui reste d'un communisme américain déjà bien décomposé va consister à donner l'ordre à Me Bloch de pousser les Rosenberg à clamer leur innocence, risquant ainsi délibérément une peine de mort que le jury prononcera après avoir eu communication, à huis clos et en toute illégalité, des preuves Venona qui étaient totalement accablantes. Or, dans cette ténébreuse affaire, ce n'est pas Staline qui œuvrait mais bel et bien Beria. Ce dernier, le dos au mur, s'attendait au déclenchement d'une campagne antisémite sans précédent, qui aurait dû aboutir à sa liquidation et à celle de tout l'état-major du KGB. Il eut alors recours à une ruse étonnante, consistant à transformer les malheureux Rosenberg en héros juifs de la lutte antifasciste, exactement au moment où Staline avait décidé la liquidation des mêmes juifs à Moscou pour haute trahison. Cette perturbation dans les plans du dictateur s'accompagna malheureusement d'un discrédit total sur un parti, dont il apparaissait progressivement que les buts, essentiellement clandestins et subversifs, n'avaient que faire des intérêts profonds de la démocratie américaine. Simultanément, la Commission des activités anti-américaines de la Chambre s'attaquait, avec le soutien de l'opinion, au dense noyau communiste de Hollywood.

Ici, deuxième catastrophe : comme le précisera, à la fin de sa vie, Joseph Losey : ce dernier et plusieurs des coïnculpés souhaitaient à ce moment-là se proclamer ouvertement communistes et défendre devant leurs accusateurs leurs idées véritables, à visage découvert (d'où l'hommage explicite à Gramsci qui figure en introduction au merveilleux *Don Giovanni* de l'auteur). Le refus de la direction du Parti d'entamer cette démarche enleva toute crédibilité morale à la défense de militants qui apparurent peu à peu comme des hypocrites et des parjures. Alors que le Parti était encore parvenu en 1946 à faire passer deux députés, sous des pavillons de complaisance, à la Chambre des représentants, dont le syndicaliste italien Vito Marcantonio à Brooklyn sous l'étiquette d'un parti purement new-yorkais (le Parti travailliste américain) dont faisait déjà partie le jeune Bernie Sanders, l'effondrement final fut ensuite très rapide. Earl Browder était ainsi fondé à répondre au journaliste qui lui demandait, après 1956 et la dénonciation des crimes de Staline, s'il allait rejoindre le Parti communiste américain, qui voulait le réhabiliter : « Je ne suis pas très intéressé par la microbiologie. » Mais si le parti véritable pouvait désormais se réunir dans une cabine téléphonique, largement encadrée par le FBI, en revanche la diaspora communiste commençait son long trajet dans la vie intellectuelle et politique américaine.

Ce fut en particulier l'odyssée des cinéastes réprimés qui, réduits à user de noms d'emprunt, finirent peu à peu par réapparaître à Hollywood, toujours aussi talentueux, mais pleins d'une amertume impossible à combler. Sydney Pollack, avec le brio de Paul Newman, fut le premier à subvertir le récit canonique du western en faisant mourir son héros positif. Cette marque pessimiste de fabrique, on la retrouve chez les quelques autres rescapés du maccarthysme comme Rob Reiner et surtout Martin Ritt. Les enfants de ces hommes, déjà assez grands pour se souvenir de cette sombre période, ont jusqu'à maintenant exprimé leur profonde amertume et leur désarroi dans des fictions inattendues. C'est Indiana Jones, le héros de Steven Spielberg, qui doit dans le dernier épisode de ses aventures s'expliquer devant des interrogateurs du FBI ; c'est George Clooney, dont le père fut torpillé par la liste noire, qui défend avec talent et persuasion le souvenir d'un grand animateur de télévision, Ed Murrow, en faisant revivre à une nouvelle génération l'horreur de ces jours de colère.

D'autres anciens communistes finiront aussi par refaire surface dans le débat public, chacun à sa manière propre. L'avocat Levisson, que Hoover soupçonnait à juste titre de continuer à voir des émissaires soviétiques, devint le conseiller le plus écouté et le plus attentif de Martin Luther King dans le combat pour les droits civiques. Alvin Toffler, qui s'était « établi » comme ouvrier avec sa femme Heidi pour militer au sein du mouvement syndical, devint un prophète éclairé du futur technologique, ne conservant de son marxisme initial qu'une fascination sans bornes pour le développement des forces productives. À l'inverse, l'historien en herbe Immanuel Wallerstein installa dans le Vermont, dans la petite université rurale de Binghamton, un véritable centre de diffusion du marxisme, qui se réclamait très fallacieusement de Fernand Braudel. Quant aux vétérans des Jeunesses communistes polonaises, Paul Baran et Paul Sweezy, ils devinrent les économistes attitrés et agitateurs de la nouvelle gauche pendant la guerre du Vietnam, défenseurs pleins de mauvaise foi et à la rhétorique bien maîtrisée de Cuba et de Mao qu'ils essayaient de faire passer pour des adeptes un peu rustiques des idées de Keynes.

On ne trouvera décidément pas de front commun ou d'action concertée de tous ces anciens communistes, mais bien plutôt l'essaimage complexe de ce qui fut l'esquisse d'un grand mouvement à base ouvrière dans une gauche américaine désormais dépourvue de boussole, mais aussi de réflexion collective. Cet état de dispersion, néanmoins créateur et activiste, allait toutefois appeler pour le contrer une riposte de tous ceux qui ne voulaient plus rien entendre de cette période et se décidèrent peu à peu, derrière leur chef de file improvisé Ronald Reagan, à passer de l'autre côté et à provoquer une nouvelle cristallisation, le « néo-conservatisme », dont la virulence et les méthodes d'agitation, d'inspiration toute communiste, allaient faire merveille pour conférer à la droite américaine une colonne vertébrale, une capacité idéologique et un goût de la polémique qui auront été en définitive la véritable rampe de lancement du phénomène Trump.

Au départ, en effet, beaucoup de jeunes intellectuels de gauche séduits par un compagnonnage de route avec le Parti communiste presque réformiste de Browder, se retirent avec horreur d'un Parti communiste dégénéré et prisonnier de la logique suicidaire de la guerre froide. Ces derniers, emmenés par l'économiste keynésien John Kenneth Galbraith, adoptent comme drapeau de ralliement la social-démocratie européenne dont les derniers représentants américains s'étaient, comme Norman Thomas, compromis préalablement dans le pacifisme isolationniste. Ces nouveaux « Américains pour l'action démocratique » (Americans for Democratic Action, ADA) reprennent trait pour trait le projet de dissolution de Browder en 1942, au profit d'un Parti démocrate ayant évolué à gauche vers le mouvement ouvrier. Ces jeunes intellectuels, qui rejettent maintenant le stalinisme au profit d'un travaillisme de type britannique, vont trouver leur véritable prophète de classe dans un syndicaliste d'une grande intelligence et de haute moralité publique, le métallo de l'aéronautique d'origine norvégienne Scoop Jackson, qui depuis Seattle codirige de fait avec les patrons de l'entreprise, le géant technologique Boeing. Bientôt élu sénateur démocrate de l'État du Washington, Jackson va prendre en main une génération de jeunes intellectuels qui passeront souvent par son cabinet comme attachés parlementaires. Or Jackson, dont les idées socialistes scandinaves ne se démentiront en fait jamais, est aussi un patriote ardent depuis la guerre, et un ami fidèle de l'establishment de défense américain.

En 1968, la césure sera faite. Lyndon Johnson ne peut plus se représenter ; le Parti démocrate s'effondre à la convention de Chicago et, en son sein, une aile droite patriotique qui ne veut désavouer ni la guerre du Vietnam ni le militarisme démocratique qui ne faisait pas encore problème au milieu de la guerre froide, commence à s'organiser contre la nouvelle majorité gauchisante des dirigeants démocrates, les Bobby Kennedy, bientôt assassiné, et George McGovern, secondés par toute une nouvelle gauche pacifiste et volontiers anarchiste, notamment dans le choix de ses coupes de cheveux. Cette même « droite démocrate en colère » est conduite aussi à la rupture avec un mouvement pour les droits civiques qui aura bien changé après le terrible assassinat de Martin Luther King en 1968. Désormais, séparatisme racial, tiers-mondisme mais aussi antisémitisme à peine dissimulé caractérisent sur le plan politique une nouvelle génération de la communauté noire. Cela aussi attise la rupture.

À côté de Jackson, qui est l'âme ouvrière du mouvement, un grand intellectuel d'origine catholique irlandaise, Daniel Moynihan, commence à dynamiter les certitudes déjà politiquement correctes de la gauche intellectuelle officielle. Il souligne notamment, dans un de ses articles fort bien écrits et recherchés, qu'une bonne partie de l'aliénation noire résulte davantage de l'effondrement et de l'explosion de la famille afro-américaine, sans doute elle aussi héritage de l'esclavage, que d'une politique sociale qui, au moins chez les ouvriers, n'est plus véritablement discriminatoire. Moynihan parviendra, en mobilisant l'électorat juif de New York, en guerre contre la communauté afro-américaine depuis les grèves anti-enseignants à caractère antisémite du début des années 1970, à se faire élire comme sénateur tout en demeurant démocrate, au grand dam des Clinton qui ne supportent pas son maintien dans un parti qui n'a plus grand-chose à voir avec lui. Mais Moynihan demeure une exception, tout à la fois par son extrême dignité et la grande continuité de ses engagements. La plupart des jeunes néanmoins, tous issus de l'ADA social-démocrate des années 1950, commencent à la mort de Jackson à loucher vers des républicains eux aussi originaires de la gauche.

Acteur engagé, venu à Hollywood du Minnesota ouvrier, Ronald Reagan commence très tôt par s'enthousiasmer pour la politique de Franklin Roosevelt. Bientôt, il va fonder à partir de zéro un syndicat du cinéma ouvert aux techniciens mais aussi aux acteurs qui deviendra l'« Actors' Equity Association », qui sera l'aile marchante du CIO à Hollywood. Les militants communistes, dont leur premier secrétaire est alors Dalton Trumbo – dont les films dévastateurs apparaîtront sur les écrans dans les années 1970 –, animent bien sûr le mouvement mais surtout rallient à eux le jeune Reagan, un peu à la manière de Jacques Chirac dans sa jeunesse. Membre du Parti communiste américain pendant trois ans jusqu'en 1939, Reagan, tout comme Robert

Oppenheimer, quitte bien vite ses camarades par patriotisme américain et horreur du nazisme. Mais, ayant transformé son syndicat en un pilier de l'ordre démocratique de Truman, Reagan, qui n'aime pas la délation, protégera discrètement le plus grand nombre possible de ses anciens camarades, par pure générosité que ces derniers, comme Trumbo, Pollack et Ritt, lui rendront bien, en ne le dénonçant jamais pour ses amours de jeunesse, lesquelles lui auront permis aussi, en sauvant la jeune starlette Nancy, d'en faire sa femme et plus tard son astrologue. Toujours est-il que Reagan, de plus en plus à droite, quitte, en raison de ses nombreuses amitiés patronales, le Parti démocrate au temps de Johnson, et deviendra bientôt la coqueluche néophyte d'un Parti républicain en pleine ascension, dans une Californie trop prospère, qui dénonce l'augmentation constante des impôts.

Élu gouverneur à deux reprises, Reagan fera rapidement la preuve de sa capacité à administrer dans un certain consensus, de son impeccable courtoisie, laquelle rappelle déjà celle d'Obama, et de son ouverture d'esprit personnelle qui contraste avec la progressive fermeté de ses convictions, effectivement ultra-libérales. Très vite, cet ancien homme de gauche et acteur consommé attirera à lui beaucoup d'orphelins de Scoop Jackson : Elliott Abrams, Richard Perle et tant d'autres, tous issus de l'ADA et tous juifs plutôt assimilés, mais partisans d'une défense nationale forte et d'une politique internationale enfin amie sans réserve d'Israël.

Bientôt, le petit groupe fera de l'Union soviétique brejnévienne sa cible, d'Henry Kissinger son bouc émissaire et des idées économiques radicales de Milton Friedman leur nouveau dogme indiscuté. Sur ce point évidemment, Moynihan, qui reste un keynésien attaché aux idées sociales de la démocratie catholique irlandaise, se différencie un peu d'eux. Il demeure pour cette raison délibérément au Parti démocrate. Mais peu importe. Avec Reagan, dont l'itinéraire est parallèle au leur, c'est la grande révolution libérale des années 1980 qui commence. Reagan, dont le tempérament humble, toujours courtois et indulgent, est à l'opposé du Trump actuel, a vite convaincu les Américains de sa capacité d'unification et de consensus. Mais attention, si Reagan était tout à fait capable d'abandonner ses convictions anti-communistes les plus virulentes, notamment vis-à-vis de la Chine, et de se choisir avec George Shultz un secrétaire d'État très modéré et très lié à l'Arabie

Saoudite, ces concessions qui importent beaucoup aux journalistes de Washington, férus de politique étrangère, ne doivent pas nous cacher la très grande brutalité du tournant alors effectué en matière de politique intérieure économique et sociale. C'est avec Reagan, en effet, que le syndicalisme est véritablement réduit en morceaux au profit d'un individualisme technologique qui triomphe grâce à des budgets militaires sans précédent. Et c'est bientôt l'abandon sans phrase de toute la vieille industrie de transformation au profit d'un nouveau dogme financier, qui aboutit également à la dissolution des conglomérats industriels (exception faite de la General Electric de Jack Welch qui résiste au courant) et à la généralisation des OPA hostiles, cherchant uniquement à augmenter les profits de l'actionnaire au détriment de l'intérêt des salariés. Sous l'effet de la forte croissance initiale, confortée par le triomphe du capital financier, grâce aussi à l'importante mobilité sociale que permettent, à partir de la Californie, les nouvelles technologies qui vont bientôt accoucher d'Internet, grâce également à son habileté pleine de décence qui l'empêche de se vanter de ses douteux succès, Reagan l'emporte sur toute la ligne contre l'ultime et digne représentant du vieux syndicalisme social-démocrate du

Middle West, Hubert Humphrey, qui meurt debout dans l'estime générale en défendant un programme keynésien qui ne fait pas ricaner que les traders de Wall Street mais tous les bobos anarchisants qui bénéficient largement de cette nouvelle phase d'expansion, pourtant instable, du capitalisme américain.

À cette époque, le théoricien de la stratégie militaire, Edward Luttwak, pourtant républicain conservateur, ne recueille que des sarcasmes dans un livre pourtant prophétique où il dénonce la désindustrialisation accélérée de l'Amérique traditionnelle et fait observer qu'un plein emploi qui conduit des sidérurgistes ou des travailleurs de l'automobile à retrouver du travail dans des cliniques de soins pour chiens à des salaires bien moins élevés, ne constitue pas le progrès que l'on en attend. Or, si Bill Clinton finit par l'emporter sur George H. Bush, le vice-président de Reagan, en 1992, c'est en validant plus ou moins tacitement la totalité de la révolution reaganienne tout comme, quatre ans plus tard, Tony Blair acceptera de ne rien toucher aux réformes de Margaret Thatcher pour séduire une nouvelle gauche largement dominée par les classes moyennes de plus en plus individualistes des centres urbains. À la tête de la politique financière des Clinton, des hommes de Goldman

Sachs et de Wall Street, tels que Robert Rubin ou le sénateur John Corzine, voire le neveu de deux prix Nobel néo-classiques Larry Summers, vont également accepter la reaganisation généralisée de la politique économique.

Résumons-nous : la révolution reaganienne n'avait rien d'une évidence, à preuve les résistances tout à fait qualifiées et impressionnantes que des grands opérateurs de l'économie, comme l'expert financier Henry Kaufman et l'investisseur tous azimuts Warren Buffett en font déjà la démonstration à cette époque. Mais l'absence d'organisation d'origine social-démocrate est largement imputable aux néo-conservateurs. Ceux-ci évidemment ne parviennent pas vraiment à convaincre la majorité de l'électorat juif de basculer vers le Parti républicain qui suscite encore une certaine méfiance, à la base. Mais ces mêmes électeurs, rassurés par le verbiage de gauche chez Clinton et Al Gore, sont également contents que le néo-conservatisme rallié au Parti républicain ait commencé à le faire entièrement dériver vers un soutien franc et massif à l'État d'Israël. Au terme de cette course, la gauche est complètement désarmée et la droite entièrement légitimée dans son programme fondamental. Il suffisait, à ce moment-là, d'accomplir la quadrature du cercle, c'est-à-dire de relégitimer certaines idées populaires et économiques de gauche et de les synthétiser, dans une rhétorique totalement innovante, avec les idées de droite qui, sans que l'on s'en soit aperçu, avaient fini par créer un consensus tacite dans le corps politique. Et il ne manquait plus qu'un personnage créatif et fantasque pour y parvenir : Donald Trump.

Légitimité des idées de gauche : la défaite en rase campagne du vieux Parti démocrate rooseveltien ne s'est pas faite toute seule. La délégitimation de Browder par Staline a empêché le courant communiste, encore en 1945 à l'apogée de son influence diffuse, de priver la gauche d'un capital d'idées qui continuera à lui servir sous des masques différents, tout au long de la même période. Cette puissance explique la résurrection, tout à la fois grotesque et pas si surprenante que cela, d'un vieux burgrave de cette période, le charpentier syndicaliste Bernie Sanders qui, comme dans un célèbre film (*Baby Boom*) où sa destinée est un peu incarnée par Diane Keaton, qui choisit de s'expatrier de son Brooklyn natal vers le Vermont au début de sa boboïsation. Cette clairière boisée qui relie New York à Montréal avait eu au départ une vie politique morne, jouant sur l'antagonisme très relatif des bûcherons canadiens-français descendus du Nord et des prolétaires irlandais remontés du Sud. Le repeuplement progressif de cette banlieue sylvestre de New York par des jeunes individualistes souvent d'extrême gauche et opposés initialement à la guerre du Vietnam, a fini par donner naissance, autour du campus communisant de Binghamton, à une culture alternative, mais moins jouisseuse que celle de la Californie des surfeurs. C'est le triomphe des deux associés Ben et Jerry et de leur crème glacée « authentique » qui a véritablement généralisé un mouvement migratoire, couronné par le sacre du sexagénaire « socialiste » Bernie Sanders, dont l'anticonformisme convenu symbolisait le début de ces temps nouveaux. Dans la recherche, très trumpienne, de la démagogie maximale, Sanders s'est conquis un électorat d'un coup en promettant aux nombreux étudiants américains l'abolition des dettes de leurs frais de scolarité dont la progression est totalement alarmante et en proposant par la suite une université gratuite, dont la mise en œuvre sans transition, provoquerait évidemment une catastrophe totale. Mais les eaux glacées du calcul économique ne concernent pas Bernie Sanders. Et sa petite succursale abrite un sous-ensemble de mécontents qui, plus adultes et plus ouvriers, remontent directement la source jusqu'à Trump. Car la part bobo de l'héritage de la gauche, même si sa démagogie n'est pas meilleure que celle de Trump, ne mord pas sur les gros bataillons de l'ancien mouvement ouvrier. Ce n'est pas George Clooney, le chef de patrouille des petits acteurs gavés de succès par Hollywood, et marié à une sorte de diplomate druze britannique aux idées gauchistes et tiers-mondistes, qui peut enrégimenter la famille de Michael Moore et les victimes de la désindustrialisation. Donald Trump, en tant qu'entrepreneur, a été lui aussi la victime partielle de ces analystes financiers qui n'avaient que dédain pour « la brique et le mortier » et l'ont entraîné vers des réactions instinctives, à la manière de Warren Buffett, qui sur le fond sont une critique parfaitement fondée du libre-échangisme reaganien de Milton Friedman. Le ralliement d'une partie éloquente mais naïve et inexpérimentée de l'intelligentsia juive au conservatisme reaganien a également introduit dans les classes moyennes l'idée que seule l'économie de marché pourrait sauver la prospérité américaine, quand bien même cela se traduirait *in fine* par un démantèlement du mode de vie traditionnel. En réfutant habilement les approximations intellectuelles des néoconservateurs et en légitimant les préjugés parfaitement fondés de la vieille gauche, Trump va créer un court-circuit. Le « Tea Party » avait rendu possible à partir d'un Sud étendu la légitimité de la haine et de la violence verbale, parfois davantage s'agissant des milices du grand Ouest. Mais ces porte-parole n'étaient que des reines de beauté tirant vers l'âge mûr et dont la haine ne suffisait pas à mettre sur pied un programme. Trump a donc mélangé les deux. Il se trouve aussi qu'il a, comme beaucoup de misogynes, des préférences sexuelles féminines très marquées. L'horreur qu'il éprouve pour le corps féminin, et dont il nous a donné de nombreux témoignages pendant sa campagne, faisant souvent allusion à la menstruation ou, dans le cas d'Hillary Clinton, à ses visites aux toilettes, s'accompagne d'un désir féminin typé. On aura observé que sa première épouse est une Hongroise de Slovaquie et sa dernière partenaire une Slovène particulièrement belle. Ces *sweethearts* lui ont servi de bonne entrée en matière pour Poutine. Trump n'est pas le premier réactionnaire américain que j'entends déplorer l'antagonisme artificiel des Américains et des Russes, lesquels sont après tout blancs et blonds, et vitupérer la complaisance à l'égard des Asiatiques et bien sûr du Moyen-Orient islamique… Admettons un instant que les idées de base de Trump dépassent maintenant de beaucoup ses goûts affirmés (qui l'ont conduit par le passé à subventionner le catch américain et les concours de beauté) et nous avons une partie d'une politique étrangère qui est faite à l'estomac. Faisons crédit, sans polémique excessive, de l'intelligence intuitive du nouveau président pour sélectionner peu à peu les options viables de sa nouvelle politique étrangère et oublier celles qui seront impraticables. Il n'en reste pas moins le défaut majeur de la cuirasse que nous allons voir maintenant. Pour reprendre la célèbre phrase de Spinoza : l'Amérique, même avec un président isolationniste, ne saurait en effet être *imperium in imperio* (un empire au cœur d'un empire). Or la magistrature suprême américaine, laquelle est sans doute inadaptée à long terme à pareille responsabilité, suppose la conduite permanente et obstinée d'un dessein clair de politique étrangère. Et c'est ce qui manque le plus cruellement au nouvel élu. Certes, on peut critiquer l'idée de Bismarck, comme le firent un certain nombre de démocrates sous Weimar, selon laquelle une grande puissance ne peut être régie que par le primat de la politique étrangère. Mais même, et surtout, quand une telle puissance doit opérer un repli en bon ordre, ce qui fut le cas aux temps bénis de Nixon et de Kissinger, la fermeté des conceptions est indispensable. Spontanément, les Américains pensaient que Chinois et Vietnamiens étaient faits pour s'entendre, sympathisaient non moins spontanément avec le coup d'arrêt que l'Union soviétique de Brejnev et Andropov venait d'infliger à Mao en 1969 sur les rives de l'Oussouri et imaginaient volontiers un peu plus tard que la complicité active du Chah, au premier choc pétrolier de 1973, demandait que l'on infligeât une punition sérieuse à un Iran qui venait de trahir les intérêts du consommateur américain devant sa pompe à essence. Nixon et Kissinger firent heureusement tout le contraire.

Si un Trump quelconque, républicain ou démocrate, peu importe ici, avait suivi de telles maximes, la décadence de l'Amérique aurait été précipitée. Les régimes communistes en difficulté de la Russie et de la Chine auraient sans doute trouvé à s'entendre comme Lin Biao avait cherché à le faire dès ce moment. Quant à l'affaiblissement du régime impérial en Iran, malgré l'énergie de Kissinger, il fut impossible d'empêcher ces imbéciles de Carter et Brzezinski d'y avoir contribué, exactement comme Obama et Hillary Clinton ont fait le jeu des Frères musulmans, à peu près partout, pendant les « Printemps arabes » de 2011 à 2016.

C'est donc maintenant à cet examen bien inquiétant qu'il va falloir nous livrer.

Une politique étrangère sans stratégie

Il est incontestable que Trump a tout à fait raison, comme avant lui du reste Obama, de concevoir pour l'Amérique actuelle une pause réparatrice fondée sur le sacrifice inévitable de positions intenables, un peu partout dans le monde. Il est notamment exact que l'Amérique dépense un peu sans compter en Europe de l'Est pour maintenir une clientèle polonaise et balte, qui attise l'hostilité à la Russie, pour justifier davantage le maintien d'une Alliance Atlantique qui, sans cet antagonisme totalement artificiel, aurait débouché sur un accord informel, essentiellement verbal, de solidarité occidentale de moins en moins contraignante avec des Européens qui ont mieux à faire que prendre leurs ordres à Washington. Paradoxalement, le retour de la France dans l'OTAN, qui choque encore tant de gaullistes réels ou supposés et qui fut voulu à son époque (2009) par Nicolas Sarkozy et François Fillon, renforce et élargit le front des Européens désireux tous ensemble de s'affranchir des dernières tutelles de la guerre froide.

Que Trump ait l'intention de mettre un terme à tout ce train diplomatique inutile est entièrement recevable comme n'est pas moins recevable son désir de donner acte à Poutine de son intervention au Moyen-Orient contre les islamistes et de l'aider à s'extirper d'une crise ukrainienne qu'il n'a pas initialement provoquée et dont il cherche encore à s'affranchir pour mieux marginaliser – ce que Trump ignore par ailleurs – une opposition d'extrême droite nationaliste russe dont il ne partage aucune des vues stratégiques. Trump a également raison de laisser tranquille l'Amérique du Sud et de permettre au Brésil de trouver, sans doute à tâtons, le chemin d'une guérison politique qui lui permettra à terme d'aider à la démocratisation d'une Argentine post-gangstériste et d'une Colombie-Venezuela libérée des cauchemars associés des FARC et du chavisme. Enfin, on peut estimer que le désengagement presque total de l'Amérique en Afghanistan ne peut réellement fonctionner que dans la poursuite d'une entente de plus en plus étroite avec un pouvoir civil pakistanais qui cherche à se réconcilier avec l'Inde et avec un pouvoir militaire qui, depuis qu'il a sacrifié Oussama Ben Laden aux pressions de Washington, se retrouve en proie à une véritable vendetta cruelle des talibans, de part et d'autre de la frontière afghano-pakistanaise. Sans aucune doute aussi, Trump commencera à se rendre compte du caractère indispensable d'une opposition musulmane de masse authentique aux exactions islamistes ; ce qui devrait le conduire à rétablir de bonnes relations avec l'Égypte de Sissi et à ne pas provoquer inutilement un renversement de situation en Iran, malgré les mauvais conseils que lui distribue déjà son ministre de la Défense issu du corps des Marines et hostile à la politique d'ouverture d'Obama en direction de Téhéran.

Admettons même qu'en créditant le nouveau président de l'adoption de certains solutions optimales, son isolationnisme, en ce qu'il a de légitime, raccourcisse, pour le système de défense américain une ligne de front éventuelle et lui permette même, sinon d'économiser, en tout cas de rationaliser et de focaliser l'effort de défense actuel. Même dans cette hypothèse particulièrement favorable, et démentie pour l'instant tous les jours par les déclarations irresponsables de tel ou tel, il restera alors les bévues graves déjà commises, et qui peuvent s'avérer véritablement irréparables, tout comme la politique anti-iranienne de Carter, sous prétexte des droits de l'homme, préparait à la chute du Chah et à la catastrophe Khomeiny. Il s'agit ici, et avant tout, de la zone la plus importante de la planète pour l'avenir de l'Amérique, l'Asie orientale.

Il est incontestable que les efforts répétés et obstinés de la diplomatie américaine pour isoler dans sa propre région la puissance chinoise étaient de toutes les manières voués à un échec terminal. Mais Trump, en balayant d'un revers de main la politique officielle de Washington, vient déjà de provoquer un renversement sans doute fondamental de l'équilibre mondial dont il aura à répondre devant l'opinion et que son successeur aura toutes les peines du monde à compenser partiellement. Le Département d'État et la présidence Obama s'étaient en effet engagés à soutenir la politique anti-chinoise du gouvernement japonais de Shinzo Abe, en sortant Tokyo de son isolement progressif. L'instrument inventé pour ce faire consistait donc à proposer à un certain nombre d'États riverains du Pacifique une sorte d'association de libre-échange avec l'économie américaine, au nom de l'organisation d'un espace en réalité rival de celui de la Chine.

Tout était enfin prêt, malgré le scepticisme véritable d'Obama – qui n'avait accordé son appui à ce projet que pour avoir les mains libres sur les terrains iranien et cubain –, pour fournir au Japon anti-chinois la perspective d'une sorte de communauté stratégique totale avec l'Amérique, flanquée des pays les plus anti-chinois d'Asie : la Corée du Sud d'alors par nostalgie de la guerre froide, le Vietnam par ressentiment nationaliste, la Malaisie par résistance islamiste à l'ascendant de sa puissante communauté chinoise. Bien sûr, Taïwan ne manquerait pas de se joindre de manière informelle à ce nouveau club anti-Pékin qui trouvait, dans la volonté d'expansion vers le Pacifique de certains États d'Amérique latine – Mexique, Colombie, Pérou et Chili –, un argument hypocrite mais rhétoriquement acceptable pour l'opinion mondiale. Certes, l'Inde, plus prudente, ne se joignait pas au concert, attentive qu'elle était à l'évolution très anti-islamiste de la diplomatie chinoise, notamment envers le Pakistan. Et l'Angleterre, encore gouvernée par Cameron, s'abstint non moins prudemment de participer à une entreprise qui ne pouvait que tendre les relations financières indispensables de la City de Londres avec Hong Kong et Shanghai. *In extremis*, et en se faisant tirer l'oreille, l'Australie et la Nouvelle-Zélande finissaient par rejoindre la patrouille de Washington, mais en multipliant les gestes de bonne volonté envers Pékin. Il n'en reste pas moins que la diplomatie chinoise était attentive et fort irritée de ce développement qui confirmait son aversion profonde mais discrète envers Obama, Hillary Clinton et toute l'administration démocrate. Eh bien Pékin avait tort de s'en faire car la tornade Trump était arrivée à son secours… Il est évident en effet que pour le nouveau président, les Japonais ne valent pas mieux que les Chinois par leur diplomatie prédatrice et leurs attaques concentrées contre l'industrie américaine. Le président semble ici ignorer que Toyota, en investissant massivement aux États-Unis mêmes, est devenu le plus grand créateur d'emplois dans l'automobile américaine après la faillite des derniers grands de Detroit, dont le chef ultime, qui se refusait à toutes les mutations technologiques dans l'automobile, s'appelait prophétiquement Wagoner. Pour avoir ainsi dédaigné brutalement le Japon, le président vient de déclencher un séisme asiatique qu'il n'enrayera plus. L'opinion japonaise en effet, et tout particulièrement l'opinion industrielle, ne croit pas à la position xénophobe de la vieille garde conservatrice de Shinzo Abe. Même si celle-ci a reçu le renfort d'une passionaria de l'aile gauche du Parti libéral-démocrate Madame Kukike qui s'agite violemment contre l'hégémonie chinoise. Dans les faits, la part des exportations japonaises vers la Chine ne cesse d'augmenter au détriment de la part des exportations de Tokyo vers le continent américain, malgré le renfort de moins en moins négligeable de parts de marché nouvelles au Mexique ou au Chili.

Or, le véritable leader du Parti démocrate japonais et héritier du vieux parrain prochinois Shin Kanemaru, l'ancien ministre Ichiro Ozawa, ne cache absolument pas son ambition de réconcilier définitivement Pékin et Tokyo. Avec le séisme politique de grande ampleur qui balaie la présidente de droite sud-coréenne, Park Geun-hye, les dernières réticences de Séoul envers Pékin sont en train de se lever. Une majorité politique en Corée du Sud, très engagée elle aussi, sur le plan économique, dans une coopération de plus en plus importante avec la Chine elle-même, notamment dans le domaine aéronautique, souhaite en réalité une « entente entre Asiatiques » pour régler à l'amiable le problème de la

Corée du Nord. Or nous savons, grâce aux folies de WikiLeaks, que des diplomates américains et chinois ont déjà discuté très ouvertement de la liquidation du régime nord-coréen et que la Corée du Sud, tout le monde le sait, se refusera quoi qu'il arrive à une réunification éclair « à l'allemande ». La Corée du Nord sera garantie dans son existence étatique au moins pendant une décennie et des cadres communistes chinois, formés autrefois en Corée du Nord, dont un membre influent du bureau politique de Pékin, sont déjà prêts pour aider les quelques éléments technocratiques qui ont survécu à tourner définitivement la page de Kim Jong-un.

Ajoutons pour faire bonne mesure que l'oncle de ce dernier et plusieurs cadres de premier plan, notamment dans l'armée, ont été fusillés pour avoir tenté de mettre en œuvre avec Pékin un compromis de ce type. La première conséquence de ce rapprochement Pékin-Tokyo pourrait donc être, à court terme : la liquidation de la Corée du Nord, la remise dans le rang d'un Taïwan de nouveau administré par des indépendantistes qui, pour l'instant, se tenaient tranquilles, sans doute aussi la garantie par les Japonais d'aider le Vietnam à rattraper son retard et la monarchie thaïlandaise à tenir en respect une majorité démocratique qui ne parvient pas à s'imposer malgré le suffrage universel et la popularité de l'ancien président, Thaksin Shinawatra. Quant à la Birmanie voisine, il apparaît de plus en plus clairement qu'Aung San Suu Kyi y mènera une politique pan-asiatique tout à la fois favorable à Pékin et à Tokyo et confortablement distante de tout rapprochement avec l'Inde voisine. Bref, les bases d'un compromis sino-japonais, pacifiant rapidement ces antagonismes, existent déjà de part et d'autre, moyennant quelques aménagements supplémentaires.

Il est évident qu'après un long siècle de conflits épuisants, Chinois et Japonais cinglent de conserve vers une forme de réconciliation qui s'apparente aux mots d'ordre des années 1900 lorsque des intellectuels des deux pays prônaient le principe *Dôbu Doshun* : un même système d'écriture, une même civilisation. Certes, des difficultés existent mais l'ambition américaine de ces dernières années de faire le fléau de la balance entre Chinois et Japonais, et de maintenir une présence qui ferait de l'Amérique une sorte de puissance asiatique, tout comme l'Angleterre fut longtemps une puissance méditerranéenne, aura vécu.

Cette évolution me semble par ailleurs inévitable, mais rien n'imposait à Trump de la réaliser au pas de course en injuriant au passage les sensibilités toujours à vif de ses principaux interlocuteurs de l'autre côté du Pacifique. Or les réalités sont les réalités : l'ensemble asiatique oriental dépassera l'Amérique du Nord (Mexique compris) sans doute très vite pendant les années de la présidence Trump. Et il n'est pas exclu qu'un compromis historique de grande ampleur, qui correspond aux idées de Xi Jinping lorsqu'il aura complètement apaisé l'armée et repris le contrôle du Parti communiste dans sa totalité, aboutisse en fin de compte au mariage de la technologie avancée du Japon et de la solidité industrielle de l'immense marché chinois. Bref, non content de dépasser l'Amérique en poids spécifique, il n'est pas exclu que l'Asie donne encore à son vis-à-vis américain la leçon d'une politique économique convergente qui n'a jamais recherché la rentabilité à court terme du capitalisme financier, mais toujours au contraire misé sur une combinaison, évidemment victorieuse à terme, d'équilibre économique de préservation prioritaire de l'emploi et de politique sociale solidaire qui, assure à cette partie du monde une avance, sans doute aussi intellectuelle, sur l'Occident.

Enhardi par un tel succès, il ne serait alors pas impossible, bien qu'évidemment plus délicat, de voir se réaliser à chaud et dans une succession difficile de crises, un début de politique européenne indépendante. Ici, il faut se pencher sur les idées particulièrement puériles et naïves du grand allié politique de Trump dans le Parti républicain traditionnel, l'ancien leader de la majorité Newt Gingrich, dont les conceptions ont pu bénéficier de la publication, il y a vingt ans, d'un petit livre de politique-fiction où Gingrich imagine un monde idéal où les Américains resteraient la plus grande puissance émancipée d'alliances inutiles. Dans ce roman d'une facture par ailleurs assez lamentable, Gingrich imagine en effet que face à un monde hostile où Russes et Chinois continuent à s'affirmer avec l'appui des « traîtres européens continentaux » (France et Allemagne), l'Amérique s'en tirc très bien, à l'abri de frontières sûres matérialisées par une Amérique du Nord ayant intégré le Canada, mais pas le Mexique, et deux grands porte-avions alliés qui croisent au large des côtes de l'Eurasie continentale : la Grande-Bretagne en Europe et le Japon en Asie. La seule présence de ces deux puissances annexes et vassales suffirait, selon Gingrich, à établir la suprématie des États-Unis sans vaine concession à des cultures qu'il affecte de mépriser. Bien sûr, le Japon deviendrait l'atelier, notamment automobile, de l'ensemble et la Grande-Bretagne ferait sans doute de la City de Londres le véritable poumon financier de cette Amérique idéale, qui commercerait avec le reste du monde, mais avec la dose nécessaire de dédain que les victoriens savaient opposer, à l'apogée du XIXe siècle, aux barbares de l'Europe continentale et aux sauvages du monde colonial.

Cette idée indigente, que Gingrich entend poursuivre sérieusement, sera de toute évidence un *non starter*. Le capitalisme américain, qui comprend le secteur des industries de défense, des sociétés énergétiques pétrolières et gazières, des industries même faiblement exportatrices dans le reste du monde, ne perçoit l'Angleterre ni comme un partenaire, ni comme un marché suffisamment attractif. Aux tentatives pathétiques de British Aerospace de se transformer en entreprise américaine de plein exercice, Washington a déjà répondu, sous Obama mais pas sous le seul caprice du président sortant, qu'une relation stratégique privilégiée avec Londres ne l'intéressait pas, ni sur le plan industriel, ni sur le plan militaire. Theresa May se trouvera donc contrainte, avec l'isolationnisme américain prévalent, à chercher plutôt en Europe et notamment en Allemagne les conditions d'un compromis acceptable pour maintenir l'indispensable passeport européen à son centre financier londonien. Quant à la coopération militaire, elle a toutes les chances, surtout après l'impulsion donnée par Jean-Yves Le Drian en ce domaine, de trouver une bien meilleure réception en France, où François Fillon aurait à cœur de la maintenir pour compenser les effets économiques et financiers du Brexit sur la politique britannique. En ce qui concerne le Japon, nous donnerions volontiers à Gingrich le conseil, si le choix du président se porte effectivement sur lui pour le Département d'État, d'atténuer si possible les effets de l'annulation déjà actée de la communauté de libre-échange du Pacifique, en aidant de manière désintéressée le Japon à sortir de son isolement actuel.

En somme, Trump risque d'avoir raison, même trop raison, dans sa volonté de couper les ponts avec une Europe qui ne l'attend plus et une Asie où la Chine a déjà le dernier mot.

Il s'agit là sans aucun doute de la revanche la plus importante qui attend le président pour tous ses crimes verbaux commis pendant la campagne électorale. Mais l'effet le plus sérieux demeure, à n'en pas douter, ce qui concerne le principal voisin des États-Unis, le Mexique. C'est donc là, à l'évidence, un sujet qui se retrouve à la charnière de la politique étrangère et de la politique intérieure. Mais pour mieux nous faire comprendre, expliquons d'abord à Donald Trump et ses partisans, mais également à nos lecteurs, pourquoi le Mexique est d'ores et déjà un élément aussi important de la politique américaine.

Le syndrome mexicain

L'idée m'est venue très tôt. Il y a une césure qui ne sera jamais comblée entre le Mexique et le reste de l'Amérique latine, Cuba comprise, qui semble pourtant former comme un doigt allongé à l'extrémité du Yucatán. Non seulement, conformément à la bonne vieille géographie physique de grand-papa, le Mexique fait partie de l'Amérique du Nord, mais surtout il se comporte comme tel, en adoptant à tous les carrefours de son histoire une ligne de développement différente, voire opposée à celle de tous les autres États d'Amérique latine. À telle enseigne que, malgré sa différence linguistique d'avec les autres nations de langue espagnole du sous-continent latino-américain, le Brésil semble pourtant plus proche tant de l'Argentine que du Venezuela que ne peut l'être le Mexique.

L'Amérique latine dans son ensemble est en effet marquée par une différence considérable qui a vite tourné sur le plan culturel en hostilité déclarée vis-à-vis de la construction anglo-saxonne des États-Unis. Le Mexique – qui pourtant a perdu un bon tiers de son territoire entre Californie et Texas dès les débuts du XIXe siècle suite à une défaite militaire éclatante face à la jeune armée américaine – n'est pourtant jamais tombé dans la même hostilité de principe. Aujourd'hui encore, les plus anciens descendants de citoyens autrefois mexicains, à Dallas ou en Californie, insistent beaucoup sur leur américanité légitime et, malgré un communautarisme assez fort des premiers syndicats de travailleurs agricoles de Californie et du Nouveau-Mexique fondés par le célèbre César Chávez, il n'y a jamais eu de revendication sérieuse d'une sécession locale qui aurait signifié un retour vers la vieille identité hispanique. Mieux même : le Mexique n'est pas né d'une révolution, à la différence des pays hispaniques d'Amérique du Sud soulevés par les *libertadores* Bolivar au Venezuela et San Martín en Argentine. Le détachement de la métropole espagnole s'est finalement opéré consensuellement en maintenant pour quatre-vingts ans le caractère central d'une Église catholique qui, elle-même, fait beaucoup plus figure d'Église nationale qu'ailleurs.

Ces caractéristiques nous ramènent à une histoire longue, aux retombées profondes : grâce à l'entreprise héroïque de dominicains espagnols, tous d'origine marrane, la célèbre École de Salamanque qui peut se réclamer de Las Casas, Vitoria et Suárez, ce dernier demeuré en Espagne, l'esclavage des Indiens a été banni par Charles Quint dans le seul Mexique. Avec Philippe II, et avec les cruels Conquistadores du Pérou, par exemple, cette disposition ne s'appliqua jamais ni à Cuba, ni en Amérique du Sud au-delà de l'isthme de Panama. Il en est ainsi résulté une vaste frontière géopolitique entre un Mexique métissé, égalitaire et humaniste, et le reste d'une Amérique latine, seule véritablement coloniale, féodale et fondée sur la discrimination raciale. La geste des marranes et des dominicains de Mexico rejoindra ainsi à terme celle des abolitionnistes de Lincoln. L'Amérique du Nord conserve pour cette raison de fond le monopole culturel de l'anti-racisme militant, et cela rapproche singulièrement Washington et Mexico, dominicains humanistes et *Pilgrim Fathers*, dans un avenir spirituel commun.

Le long processus de la révolution mexicaine commencée en 1912, après le règne de

Lázaro Cárdenas dans les années 1930, est également parfaitement original : l'anti-cléricalisme militant est dirigé contre la puissance considérable d'une Église qui ne perdra jamais complètement ses soutiens populaires pour avoir toujours protégé les « Indiens ». L'adhésion enthousiaste du nouveau régime révolutionnaire à la guerre d'Espagne dans le camp républicain oppose beaucoup plus radicalement le Mexique aux influences fascistes dominantes à cette époque, de l'Argentine au Venezuela en passant par le Brésil. Après une crise résolutoire occasionnée par la nationalisation – la première du genre – de l'industrie pétrolière mexicaine au détriment de ses propriétaires anglais et américains, l'approbation donnée *in fine* par l'administration Roosevelt à cette mesure socialiste scellera une alliance politique et diplomatique qui a survécu à la guerre mondiale, à laquelle le Mexique participa du côté allié en envoyant sa petite aviation militaire combattre les Japonais. Elle survivra également à la guerre froide où, malgré les sympathies intellectuelles communistes de toute son intelligentsia, l'État s'arrangera pour demeurer solidaire de Washington sans jamais pour autant se faire un ennemi d'une Union soviétique qui, tout comme l'Espagne républicaine des années 1930, bénéficie sur place de nombreuses sympathies. Cette politique d'équilibre, socialisante dans la forme et toujours pro-américaine sur le fond, de plus en plus consensuelle, résulte d'une sorte de compromis permanent entre la bourgeoisie industrielle du nord du pays, très tournée vers les exportations en Amérique du Nord, et un puissant mouvement syndical, communisant à l'origine mais étroitement associé par corporatisme à la cogestion de la société, que ce soit dans le secteur pétrolier étatisé – la Pemex –, la gestion des coopératives agricoles – les *ejidos* – qui, elles aussi, représentent un compromis entre collectivisme agraire et propriété individuelle, ou chez les véritables hussards noirs de la révolution mexicaine, les instituteurs syndiqués, qui combattent sur le terrain les influences cléricales tout en faisant allégeance à une direction nationale très autoritaire dont le chef tutélaire, qui restera en place à quatre-vingts ans révolus, le célèbre Fidel Velázquez, exerce une sorte de co-dictature aux côtés des présidents élus.

On constate la même ambiguïté dans le système politique qui n'a jamais à proprement parler banni des partis d'opposition concurrents, mais a confisqué, d'abord dans le consensus puis par l'effet de la bureaucratie régnante, le pouvoir politique, détenu par une petite équipe d'intellectuels issus de l'université nationale, mais aussi souvent d'expériences militantes antérieures plutôt marxistes. Au total, on s'achemine progressivement de l'hégémonie d'un parti socialisant et proaméricain, le Parti révolutionnaire mexicain, (PRM), vers son évolution en un parti bureaucratique bourgeois largement influencé par l'industrie privée et les intérêts américains, le Parti révolutionnaire institutionnel (PRI). Cette invention géniale du système politique mexicain pourrait faire l'envie de tous ces partis issus à l'origine de grands mouvements de gauche et qui se sont progressivement coulés dans une réalité nationale autoritaire et pragmatique, le Parti du congrès de l'Inde, aujourd'hui, de toute évidence, le Parti communiste chinois ou les diverses formations poutiniennes en Russie. Ce PRI, pour autoritaire qu'il ait longtemps pu être, s'en est néanmoins tenu scrupuleusement à la lettre de la Constitution qui limite le mandat présidentiel à un seul exercice, interdisant ainsi une personnalisation véritable du pouvoir.

Ce Mexique complexe et contradictoire est ainsi demeuré au fil des ans américano-compatible, et sa place dans l'équilibre économique avec les États-Unis aura fini par lui être garantie par les efforts d'une aile pro-mexicaine puissante de l'industrie américaine, laquelle comporte toujours l'industrie automobile et la majorité des entreprises agroalimentaires des États-Unis. Il en est résulté, après le démantèlement progressif de l'hégémonie politico-sociale du PRI, une intégration totale de l'économie mexicaine à un ensemble fondé sur le libre-échange avec les États-Unis et le Canada, l'ALENA, qui a pu accompagner les remous inévitables de la transition politique vers un système pluralistc. Tout se passe comme si la tutelle économique américaine renforcée, mais toujours mutuellement avantageuse, avait permis d'encadrer la nouvelle concurrence politique du système politique. Et, de fait, la naissance d'un parti de gauche contestataire, le Parti révolutionnaire démocratique (PRD), dirigé longtemps par le fils de Lázaro Cárdenas, Cuauhtémoc, a évolué progressivement vers des positions de centre-gauche, compatibles avec Washington, malgré le prix Lénine de la paix que Moscou avait accordé au vieux Cárdenas en remerciement de sa fidélité prosoviétique.

Le Parti communiste mexicain lui-même, qui s'est peu à peu dissous dans le nouveau PRD, avait proclamé bien haut, sous l'influence de ses cadres immigrés de la République espagnole, son adhésion sans réserve aux idées eurocommunistes, celles de Santiago Carrillo à Madrid, et avait souhaité, en opposition avec Cuba, une authentique réconciliation américano-mexicaine. Cette attirance d'emblée de la révolution mexicaine pour la gauche américaine, mais en réalité pour tous les États-Unis, n'a cessé d'opposer les Mexicains aux autres Latino-Américains. La rupture idéologique spectaculaire interviendra d'ailleurs dès les années 1960 par les polémiques sanglantes que Castro aura réservées au père du socialisme mexicain, le grand syndicaliste communisant Lombardo Toledano, dont le Che avait pourtant bu les paroles pleines d'expérience dans sa période initiale d'exil à Mexico dans les années 1950. Et si le Mexique ne rompra jamais avec la révolution cubaine, ce fut en bloquant efficacement toute diffusion du castrisme vers son propre territoire, avec l'aide de ses propres communistes réformistes… et parfois aussi de sa police et de son armée qui n'hésitaient pas à intervenir de temps à autre au Guatemala voisin, ou à l'intérieur du territoire, face à des menaces insurrectionnelles dans l'État traditionnellement anarchiste du Guerrero. Mexico est devenue la plus grande agglomération urbaine de toute la terre et vit intimement des échanges avec l'Amérique plus au nord et, non loin de là, Puebla a mérité le surnom de « Detroit du Sud », tant les grandes sociétés automobiles du Middle West y ont transféré des entreprises de main-d'œuvre dont les coûts salariaux sont enviables. Cette synthèse américano-mexicaine aurait pu ressembler à une histoire heureuse si, entre-temps, le démantèlement du vieil État-providence autoritaire mexicain n'avait provoqué une infection opératoire secondaire, dont les conséquences sont maintenant énormes et irréversibles. Pendant que l'État central perdait de son autorité et de sa richesse, le commerce de drogue, qui emprunte les routes du Mexique pour irriguer la consommation de masse des États-Unis, a exercé des ravages considérables au Mexique même. Des pans entiers de l'armée et de la police ont jugé plus profitable de se privatiser collectivement en se transformant en bandes armées du trafic de drogue. Certaines, notamment au Sinaloa et tout le long de la frontière avec le Texas et l'Arizona, sont notoirement issues des commandos de Marine de l'armée ou de groupes de la gendarmerie nationale. C'est la raison pour laquelle, sans aucune idéologie ancrée, ces narcotrafiquants, souvent d'origine militaire ou policière, se sont montrés capables de mener une véritable guerre manœuvrée, bien supérieure en violence à ce qu'ont pu faire les FARC colombiens lorsque, à leur tour, ils se sont impliqués dans le trafic de drogue facile. Avec 75 000 morts civils et militaires par an, le Mexique, malgré sa forte croissance industrielle, connaît une insécurité peu supportable et un véritable affaissement des normes morales courantes dans un pays, certes autrefois autoritaire, mais gouverné par des idéaux socialisants élevés. Rien ici qui se compare au reste de l'Amérique latine.

Or, le problème de la drogue mexicaine est devenu un problème majeur pour les États-Unis, qui interviennent avec la DEA de manière permanente de l'autre côté de la frontière et s'efforcent, avec un insuccès évident, d'établir un barrage sécuritaire contre ce crime organisé narco-politique. Dans ce contexte, l'immigration économique vers les États-Unis n'a cessé de se renforcer. Les citoyens mexicains, surtout dans le Nord, votent avec leurs pieds et entraînent dans leur mouvement migratoire les malheureux Guatémaltèques, Salvadoriens et Honduriens qui vivent la même déstructuration de leur société pour un niveau de prospérité beaucoup plus bas. Le résultat est en tout cas impressionnant car l'Amérique, particulièrement celle qui a voté pour Trump, est encore largement vide et capable sur le plan économique d'accueillir facilement une vingtaine de millions de Méso-Américains supplémentaires dans le plein emploi.

Une diplomate mexicaine du cabinet présidentiel m'expliquait d'ailleurs que son pays ouvrait des consulats mexicains au rythme d'un tous les deux mois dans des localités totalement exotiques à leurs yeux comme Madison (Wisconsin), Cincinnati (Ohio) et dans tout le nord-ouest des États-Unis. Bref, la population d'origine mexicaine et assimilée est en passe de devenir la première minorité en nombre de la nouvelle mosaïque américaine. Non seulement cette minorité ne désire pas rentrer au pays, mais elle souhaite de plus en plus clairement faire partie de la société américaine sur le plan politique comme sur celui des mœurs.

Mieux même, la composition religieuse largement catholique de cette immigration est en train de se transformer spectaculairement avec les progrès d'une religion évangélique populaire, d'origine vaguement protestante dont la diffusion est, là aussi, l'indice de l'orientation nouvelle de l'État mexicain. Bientôt les évangélistes latinos seront aussi nombreux et influents que les évangélistes anglo-saxons du Sud qui sont en passe de constituer les gros bataillons de la droite américaine de demain.

Certes, le caractère prolétaire et encore faiblement éduqué de la masse de ces Mexicains des États-Unis ouvre la possibilité à d'autres élites latinos de fournir dans un premier temps des cadres plus cultivés qui prendront la tête de la communauté. En faisant don à l'Amérique de toute la bourgeoisie cubaine, notamment celle de La Havane, expulsée sans ménagement par Che Guevara entre 1958 et 1962, le régime cubain a créé de toutes pièces une grande ville américano-hispanique à Miami dont le quotidien phare *El Diario* est devenu peu à peu le journal de référence des élites latino-américaines jusqu'à Buenos Aires. Ce sont d'ailleurs des journalistes vedettes d'origine argentine ou mexicaine en transition, souvent chassés par les dictatures du cône sud, qui donnent le ton à cette presse démocratique et modérée qui forme peu à peu un nouveau public cultivé à son image.

Il n'en reste pas moins qu'autour d'un noyau solidement anti-communiste, les Cubains de Miami fournissent déjà sur le plan parlementaire au Congrès et sur le plan idéologique dans le pays un solide courant de droite qui rend parfaitement pensable un ralliement de ces nouveaux Américains à des minorités plus conservatrices. Déjà, symboliquement, le jeune député de Miami, Marco Rubio, et l'Hispanique texan (de mère canadienne) Ted Cruz ont pu donner le sentiment qu'ils étaient les derniers notables républicains à barrer la route au cyclone Trump. Or, en se laissant aller à une vision raciste et archaïque dont il aurait pu aussi bien se dispenser, Trump a injurié définitivement la communauté mexicaine des États-Unis et, plus encore, l'État mexicain tout entier dont l'administration actuelle, où le PRI est revenu aux affaires faute de mieux, lui est particulièrement hostile. Et Trump a tort d'imaginer que son projet de barbelés à la frontière de l'Arizona (payés selon lui par l'État mexicain) et son refus répété de légaliser progressivement un grand nombre de clandestins qui font vivre la petite économie domestique de la côte Ouest, pourront se faire sans susciter une résistance civique considérable, dont l'ampleur rappellera bientôt le mouvement que Martin Luther King avait su susciter dans des circonstances dans le fond assez proches.

Pas plus que le grand leader afro-américain, les notables mexicains-américains ne souhaitent provoquer une guerre civile ou engager la sécession de ces régions où ils sont déjà majoritaires. En revanche, ils vont mettre en marche une dynamique qui va fournir une base politique, non pas tant aux bobos en déroute du Parti démocrate clintonien, mais bien plutôt à ces républicains modérés dont la vision de la société et de la famille correspond davantage aux véritables aspirations de cette nouvelle vague d'immigrants que l'on a pu comparer, par son mélange de piété catholique (ou évangélique) et de trafic mafieux en tous genres, à l'immigration italienne des années 1920. Entre Don Corleone et le grand maire rooseveltien Fioriello La Guardia à New York, cette vague d'immigration italienne a bouleversé l'Amérique traditionnelle et a donné à son cinéma ses deux plus grands acteurs, nés à quelques centaines de mètres l'un de l'autre dans la lointaine Omaha dans le Nebraska, Henry Fonda et Marlon Brando. Il ne dépend absolument pas de Trump que ce courant sociétal puissant ne vienne à se manifester. Mais il y a plus grave encore car le degré de proximité, à travers l'ALENA, entre le Mexique et l'Amérique jouera à son tour en la défaveur du président élu. Tout indique que l'Amérique devra trouver progressivement, avec son armée et la force politique du Mexique, un concept de sécurité dynamique combiné avec un relâchement des proscriptions de la drogue, en particulier la pénalisation du cannabis aux États-Unis mêmes. En frappant ainsi le gangstérisme binational sur le plan des prix et des profits et sur celui d'une répression sérieuse qui requiert d'investir tout aussi sérieusement dans une armée et une police mexicaines qui pourront se détourner des tentations que leur offrent en permanence les cartels issus de ses mêmes rangs, une forme de pacification pourrait intervenir, mais non sans un revirement mexicain complet de toute la diplomatie et des approches de sécurité américaines. Si une telle évolution se précipite, en partie en raison d'une véritable relance économique d'un projet continental qui se serait éloigné des marchés asiatiques et européens, Trump apparaîtra comme totalement décalé et déphasé devant un problème qui n'est plus secondaire mais central pour l'avenir de la démocratie américaine. Nul doute qu'alors l'opérateur mexicain, qu'on ne saurait confondre avec une subversion castriste d'un nouveau genre, aura produit un regroupement au centre-droit des républicains modérés battus par Trump, des partisans d'une vraie réconciliation raciale en Amérique, telle l'ancienne secrétaire d'État de George W. Bush, Condoleezza Rice, et des représentants du patronat éclairé qui ne renonceront jamais aux investissements très importants qu'ils ont déjà faits dans l'économie mexicaine et qui se développeront encore inexorablement à travers la privatisation envisagée de la Pemex et de toute l'industrie pétrolière nationale. Bref, comme la vengeance prédite par Shakespeare à Lady Macbeth, le péché originel de racisme anti-latino de Trump finira par lui revenir tel un boomerang puissant et inexorable.

Un président des États-Unis peut parfaitement survivre à un éloignement délibéré de la vieille Europe dont le poids relatif en Amérique a déjà beaucoup diminué, surtout s'il compense cet éloignement par une ouverture bienvenue à la Russie de Poutine. Un président des États-Unis peut alléger considérablement la signature militaire de son pays dans tout le Moyen-Orient, et l'opinion est même prête à l'en féliciter. Un président des États-Unis peut engager une brouille économique et politique avec Pékin et Tokyo, simultanément même si les conséquences à terme, la constitution d'un géant stratégique commun à toute l'Asie orientale, lui seront un jour amèrement reprochées. Mais un président des États-Unis ne peut pas provoquer une rupture avec le Mexique, pas plus que l'opinion américaine majoritaire n'a pu tolérer la sécession des États esclavagiste du Sud. Et il ne pourra non plus compter sur les excès gauchistes d'un Raúl Castro à Cuba qui a tout sauf envie de ranimer les flammes de la révolution au Venezuela ou de faire cavalier seul face à une Amérique du Sud qui s'oriente elle-même vers plus de modération et plus d'économie de marché, en ayant pris la mesure des folies destructrices du régime Chávez à Caracas.

Bref, tout se passe comme si le nouveau président avait déjà commis l'erreur fondamentale, sur laquelle il ne pourra pas revenir facilement malgré l'évident désir où il se trouve de trier quelque peu les diverses propositions provocatrices qu'il a essaimées dans toutes les directions pendant sa campagne présidentielle. Et c'est ici que notre remarque initiale semble particulièrement fondée : nous avons soutenu en effet que la forme rhétorique choisie par Trump n'était pas l'emballage d'un programme mais était devenue, jour après jour, un programme à lui seul. Pour le mettre à feu, il faut que ce régime de provocation permanente, qui viole les consciences américaines et les habitudes de cohabitation sociale de ce vaste pays si divers, rencontre un obstacle très sérieux, ce qui fut autrefois le cas avec Cuba au début des années 1960 et au Vietnam après 1965, qui mirent fin au consensus anti-communiste des années 1950.

Et là, le bouleversement me paraît être mûr, même si son terme est inassignable. Entretemps, l'Amérique est déjà sortie d'une forme de bipartisme établi que l'opinion ne supporte plus. Il n'est évidemment pas question que réapparaisse un nouveau Parti communiste qui ne dirait pas son nom, tant la diaspora post-marxiste aux États-Unis a pu se retrouver dans toutes les positions possibles et imaginables, souvent d'ailleurs incompatibles les unes avec les autres.

En revanche, la résurrection d'une revendication des salariés et de l'industrie organisée contre la vision à court terme du capital financier mérite assurément mieux que les élucubrations tardives d'un Bernie Sanders. Et, du côté républicain, les traditions parlementaires et libérales des vieilles élites chercheront sans aucun doute à retrouver du souffle en s'appuyant tout à la fois sur le bon sens de l'institution militaire, qui résiste manifestement au racisme ambiant, et sur les aspirations moralisantes d'une Église évangélique grossie d'une nouvelle base mexicaine et cubaine.

Nous avons levé l'ancre et quitté l'Amérique dont l'apogée se situe vers 1960 en pleine guerre froide. Le bipartisme est désormais en cause, de même que le sont les frontières autrefois étanches du Mexique comme du Canada. Mais que l'Amérique soit destinée, par sa puissance technologique, le profond enracinement de ses idées démocratiques et le caractère innovateur de ses expérimentations urbaines, à renaître spectaculairement de ses cendres, cela ne fait à mes yeux aucun doute. Et à ce moment-là, l'épisode à la fois grotesque et malheureusement inévitable de la présidence Trump apparaîtra pour ce qu'il est, une aberration comportementale qui n'est pas incompatible avec certains aménagements de bon sens, mais qui ne pourra à terme conduire qu'à l'instauration d'un nouvel équilibre plus sérieux et plus durable... qui fera oublier ce moment de délire que nous aurions tort de ne pas considérer pour ce qu'il est : le symptôme d'un immense malaise, mais aussi l'aspiration à un très profond redressement.

L'heure d'un renouveau bonapartiste sonne déjà dans une Amérique en surimpression à l'actuel vacarme : et la gauche convenue définitivement battue avec la double figure d'Obama et d'Hillary Clinton ne survivra guère plus à la crise présente que la droite obtuse et revancharde qui croit son heure venue dans la kermesse haineuse qui promet encore quelques défoulements.

Non, l'avenir est déjà au Canada, au Mexique, chez les entrepreneurs et les syndicalistes de demain, mais surtout à un pouvoir fort quelque peu à l'abri du suffrage universel s'il sait exprimer son indépendance avec mesure, celui d'une armée multiraciale et méritocratique dont les hommes comme Colin Powell et Petraeus nous ont donné quelque idée. Un Bonaparte américain en somme, après un Danton de fête foraine.

Œuvres citées

Naissance d'une nation (1915), D. W. Griffith.
Les Sorcières de Salem (1953), Arthur Miller, éditions Robert Laffont.
The New Colosses (1883), Emma Lazarus.
Elvis and Nixon, (2016), Liza Johnson.
Allentown (1982), Billy Joel.
The Patriot (2000), Roland Emmerich.
Notice rouge (2015), Bill Browder, éditions Kero.
La Condition humaine (1933), André Malraux, éditions Gallimard.
Les Raisins de la colère, John Steinbeck, éditions Gallimard.
Don Giovanni (1979), Joseph Lovey.
Baby Boom (1987), Charles Shyer.
1945 (1995), Newt Gingrich and William R. Forstchen, Baen Books.
La Main droite du diable (1988), Costa-Gavras.

Cet ouvrage a été imprimé en France
par CPI
en janvier 2017

Mise en pages PCA, 44400 Rezé

PAPIER À BASE DE FIBRES CERTIFIÉES

Grasset s'engage pour l'environnement en réduisant l'empreinte carbone de ses livres. Celle de cet exemplaire est de
250 g éq. CO_2
Rendez-vous sur www.grasset-durable.fr

N° d'édition : 19748 - N° d'impression : 3020985
Dépôt légal : janvier 2017